はじめての自閉スペクトラム症児の子育て

―幼児期の子どもを育てる家族へのメッセージ―

はじめに

「この子をどうやって育てたらいいのですか?」

児童精神科クリニックに勤務していた１９９９年、自閉症の診断を受けたばかりの子どものお母さんのことばです。

幼児期の自閉スペクトラム症の早期支援と家族の支援がとても大切だと考えられていた院長先生のもとで、私は幼い子どもと家族の支援に携わっていました。親御さんは、まだ2歳、３歳、４歳という小さなわが子に対して、医師からこんなふうに告げられます。

「自閉症という障害です。一生、治ることはないのですが、ちゃんと育ちます。これからお父さん、お母さんも、この子に学びながら育てていきましょう」

私は、クリニックのセラピストとして、子どもを対象とした個別の発達支援と親御さんのカウンセリングに携わっていました。この立場で、診断が家族に与える影響を目の当たりにし、支援にかかわる自分の力不足、専門性の低さを感じることがたくさんありました。

子どもを連れてこられるのは、ほとんどがお母さんでした。彼女たちのたくさんの涙を見て、苦しい気持ちや悲しい気持ちもたくさん聴いてきました。そして、冒頭のような疑問に対し、的確に答えられない自分がいました。

「この子をどう理解したらいいの」

「育て方がわからない」
「ことばが出るようになりますか」
「診断は間違いではないでしょうか」

私のような未熟で狭い専門性しかもっていない者は、ただただ学ぶしかありません。「自閉症をもっと知りたい」「支援の方法を学びたい」「家族を支えるためにできることは何だろう」など、日々の省察に学びたいという意欲がかきたてられました。あのころは、とにかくありとあらゆる研修に足を運んでいたと思います。

自閉症について勉強し、子どもの理解を深める努力をしながら、彼らとの具体的なかかわりを重ねました。クリニックでは、就学までの数年間、週一回というペースで個別の発達支援が組まれていたので、子どもに合った遊びや課題、プログラムを考えていきました。また、お母さん（時にはお父さん）からも、家庭での子どもの様子を伺いながら、子どもの理解を深め、一緒に子育ての方法を考えていきました。

お母さんの質問や疑問に対して、すぐには答えることができない未熟な支援者でしたが、支援の過程で、子どもの成長を親御さんと一緒に共有できる時間は、とても素敵なひとときだったと覚えています。

「私（母）がかばんと鍵を持ったら出かけるってわかるみたいで、玄関に走っていって自分で靴をはこうとするんですよ」
「ことばがる出るようになりました」
「最近、いろんなことがわかるようになって成長を感じます」
「ブロックがとっても上手で、真剣に自分の好きなものを作っている姿が可愛いです」

いくつものお母さんの笑顔に出会い、また、その傍らで自分らしく遊ぶ幼い子どもをお母さんと一緒に見守りながら思いました。
もしかしたら私たちのような家族以外が、お母さん、お父さんの思いや願いに寄り添い、子育てを応援する人として何らかの役割が果たせるのでは……。力不足でもいい、家族が見ている景色を一緒に見ながら、子どもの成長を支える一人として存在することが、大切なのではないかと思いました。

クリニックで出会ったあるお母さんから、こんな言葉をかけていただいたことがあります。

「先生、自閉症の子どもを育てる私たちの〈お助け本〉を書いてくださいね」

わが子が自閉症と診断されたあとに、わらをもすがる気持ちで書店を駆け回って、自閉症に関する書籍を探したそうです。でも、これはという本に出会えなかったと。あの言葉をいただいてから25年も経ってしまいました。

２０２４年の現在は、大学に勤務しながら、専門機関や地域で、障害のある子どもの支援にかかわるさまざまな仕事や活動に取り組んでいます。また、自閉スペクトラム症児を含む子どもにかかわる支援者の専門性の確立や、家族支援の方法について研究も積み重ねてきました。

この25年間も、自閉スペクトラム症の子どもと家族とのかかわりを続け、たくさんの出会いがありました。経験を積み重ねていてもまだまだ力不足を感じることばかりですが、私が取り組んできたことを整理して、お母さんや家族の子育てのヒントになることをお伝えできるのではないか、と考えました。

本書では、私のこれまでの活動をもとに、お母さんをはじめとした家族に向けたメッセージを綴っていきます。

また、自閉スペクトラム症の子どもと家族の支援にかかわる人（専門職、ボランティア）にも読んでいただくことで、家族支援の大切さを共有し、支援者の役割を再考する機会をもっていただけたら大変うれしく思います。

自閉スペクトラム症の子どもの子育てをがんばっている家族の理解が深まり支援の輪が広がりますように。

この本が、子育てをがんばっているお母さん・家族にとっての〈お助け本〉になりますように。

『はじめての自閉スペクトラム症児の子育て
―幼児期の子どもを育てる家族へのメッセージ―』もくじ

Part 1

子どもが自閉スペクトラム症の診断を受けた時

まだ幼い子どもの育ちに心配なことが重なり、その後、
自閉スペクトラム症の診断を受けた時、家族はどうすればよいのでしょうか。
心の中にわいてきた感情への向き合い方、経験者のエピソードを知ることの大切さ、
そして、必ず支えてくれる人が現れるということを信じて、
〈はじめの一歩〉をふみ出してほしい……。
そんな思いを込めてメッセージをお伝えします。

✲ 自閉スペクトラム症の診断を受けて

今、この本を読んでいただいている人の中には、わが子が自閉スペクトラム症の診断を受けたばかりで、混乱の中にいるお母さんもいらっしゃるかもしれません。そんな時に、この本を手に取ってくださったことを、本当にうれしく思います。

この本のタイトルは『はじめての自閉スペクトラム症児の子育て』。

まずは、ここに向き合うことからはじめてほしいというのが、私の思いです。

あまり直視したくなくても、向き合わないと前に進めない……。そのことがわかっているからこそ、このテーマからはじめさせてください。

「何かの間違いであってほしい」
「頭がまっしろになって何も考えられない」
「なんで、私が？　私の子どもが⁇」

このように信じたくない、否定したい気持ちになって、泣いて、泣いて……。「この子を連れて死んでしまいたい」と思ったというお母さんもいました。

一方でこのように思うお母さんもいました。

「診断されたことで、安心しました。だって、それまでがすごくつらかったから」
「私の子育てのせいじゃなかった」

母親だからこそ、感じる胸の痛み、葛藤、不安は計り知れないものがあると思います。

母親と子どもという関係性で考えてみると、女性は、妊娠中から自分のお腹の中の子どもと一緒にいて、命がけの出産を経て母親になるのです。こうしたことから、子どもとお母さんには、他の家族（父親、祖父母など）とは異なる特別で、情緒的なつながりを感じるのは不思議なことではありません。

わが子が診断を受けた時のことを振り返って、この時の気持ちをまとめて書いてくださった、たくや君のお母さんの手記を紹介します。


診断直後は、奈落の底より深い闇の中に放り出されたような、孤独感・焦燥感・絶望を感じて、不安という言葉では表せないほどでした。

初めて受診した病院の診察室へ呼ばれ、これまでの経緯を説明する間、医師はうなずきながら聞いていた。ひと通り話したところで医師は口を開いた。

「自閉症の疑いがありますね」

頭がまっしろになった。

「やっぱり」と思う反面、「何言ってんの」という感情が入り乱れ混乱した。

「どうしたら、良くなるんですか」

と聞くのが精一杯だったと思う。

医師は、言葉かけやお手伝いのさせ方などを色々説明してくれたが、「そんなあたりまえのこと、今でもやってるのに」と反感を抱いて帰宅した。
絶対に、治してみせると思った。
それから、情報集めに走ったが、どうも明るい見通しは見えてこない（※7）。

※当時、「自閉スペクトラム症」ということばは「自閉症」と表現されることが多かったので、原文のまま紹介しました。

たくや君のお母さんとの出会いは、2002年のことでした。当時、地域で支援者仲間と一緒に、自閉スペクトラム症の支援に関する研修会を運営するボランティア活動を行っていた時です。私たちは、研修会に参加する家族のために、子どもを預かる託児を準備していました。

その託児を利用したのが、たくや君のお母さんでした。はじめて彼女に会った時、4歳になったばかりのたくや君を一緒に連れてきていて、障害の診断を受けてまだ1年くらいしか経っていなかったということでした。研修会に参加したのは、日々の子育てが大変で、子どもとのかかわり方がわからず、とにかく学びたいという気持ちをもったからだということでした。たくや君のお母さんには、障害のある子どもが通う施設（ｐａｒｔ2で紹介する「児童発達支援」）で知り合った、たくや君と同じ障害のある子どもを育てる母親の仲間がいて、一緒に勉強しようと呼びかけ合い、参加してくれたということでした。

託児活動は、幼児から高校生までの子ども（自閉スペクトラム症の子どもとその兄弟姉妹）が利用していました。大学生ボランティアが子どもに一対一でかかわり、研修会中、一緒に過ごせるようにコーディネートしました。2時間という短い間ですが、子どものことを理解しておかないとサポートができないので、子どもについての情報を書いてもらう託児シートや、ボランティア用のマニュアル「託児ハンドブック」を作成しました（※1）。彼らを預ける家族が安心して研修を受けるためには、私たちボランティアスタッフと家族の連携は必要不可欠でした。

たくや君のお母さんといろいろな話をしているうちに意気投合して、「サポートブック」（本書の「ふろく」として、「プロフィールブック」と共に紹介。２１６〜２２１

頁）を作ろうということになりました。サポートブックは、親が自分の子どもについての情報（たとえば、好きな遊び、嫌いな遊び、コミュニケーションの方法、トイレの介助方法など）を、支援者に伝えるためのものです。サポートブックの考案者は、自閉スペクトラム症の子どもを育てるお母さんで、その当時（２００３年頃）はブログ（※２）で紹介されていました。

後日、たくや君のお母さんは、託児活動に参加している友人と一緒に私の研究室でサポートブックづくりに参加しました。研究室所属の学生も交えて、わいわいおしゃべりしながら、サポートブックを作成したことを、懐かしく思い出します。サポートブックを作る目的で集まったものの、作業がなかなか進まず、子どもの話、今の悩みや心配なこと、自分自身のこと、夫や家族のことなど、なんだかいろんな話になり、泣いて、笑って……。

そうして話をしているうちに、子どもが診断を受けた時の話題になりました。子どもに障害があると医師に告げられた時のこと、その前の段階で、「この子は何かあるかもしれない」という心配ごとが重なったこと、夫から「おまえの育て方に問題があるのではないか」と言われ、涙が止まらなかったことなど、心の中にずっと抱えていたつらい気持ちを吐き出すように話していました。「診断を受けた時の本当の気持ちは、信頼している人にだけにしか話せないよね」と言いながらも、社会福祉を学ぶ学生たちに、「私たちの話がみんなの勉強に役に立つなら」と語ってくれました。障害のある子どもを育てる家族の話を聴いた学生たちの学びは大きく、学生である自分たちにできることは何かを真剣に考えてくれました。

このお母さんたちとの出会いをきっかけに、地域で支援者も親も大学生も、自閉スペクトラム症の理解と支援の輪をひろげるための活動に取り組んでいくことになりました。

たくや君のお母さんの手記に「情報集めに回ったが明るい見通しは見えてこない」とありましたが、のちに、この「情報集めに回った」という自分の行動があったからこそ、素敵な出会いがあり、その出会いが人生に重要な意味を与えてくれていることがわかった、と語ってくれました。こうした出会いをつくる活動をしようと、「自閉症児を育てるママたちの会〈ママかん〉」（通称：ママかん）」を一緒に立ち上げました。立ち上げには、学生も協力してくれました。地域の活動団体と協働した企画と活動を行う授業のプログラムがあったので、「チームママかん」として学生も貴重な体験をさせてもらいました。ママかんは、「ママかんふぁれんす」の略で、ママたちが同じ場所につどい、語り合うことで、子どもを育てるための知恵やアイデアを生み出したり、出会いを通して仲間をつくったりしていこうという意味が込められています（※1）。たくや君のお母さんたちと私の共通の思いを紹介します。

「自閉スペクトラム症の診断を受ける前と、受けたあとのつらい時期、信頼できる人に気持ちを吐き出す場をつくりたい」

「必要な情報を提供することや、子どもへの向き合い方や子育ての工夫など、少し前に診断を受けた経験のある『先輩ママ』として、自身の経験を伝えてあげたい」

「悩んでいること、心配なことがあれば、話してください。話すこと、聴いてもらうことで、心を軽くしてほしい」

これまで主な活動として「ママかんフリーカフェ」（子育ての悩みや心配ごとを語り合う場）（※3）や、後輩のお母さんに向けて必要な情報を提供してきました。手記もその活動の一つです（※1）。たくや君のお母さんの手記の続きです。

十日ぐらいたった日、もう一度病院に行った。

「自閉症の疑いがあるということは、一生自閉症としてこの子を育て、生きていかなければならないのですか」

と聞くと、医師は短く答えた。

「そういうことです」

他に何も考えられないくらいショックだった。その様子を見てか、医師は話題を療育施設のことに変え、通うことを勧めてくれた。即、お願いした。

「そこにいけば、治るかもしれない」

今思うと、まだ、そんな程度のことしか考えられなかった自分がいた。

病院を出て、車に乗り込んだが、家に帰る気が起こらなかった。夫に、実家に、義父母に、友人にどう説明すればいいんだろう。子どものことを考える余裕はなかった。自分のことしか考えていなかった。

「自分が責められる」

「そのことからどうすれば逃げられるのか」

「このままこの子を連れて死にたい」

そんな思いでハンドルを握っていた。2時間かけて車を運転している間にも、このまま海に落ちようか、国道ですれ違う大型トラックに体当たりしようか、そんなことばかり考えていた。

いや、その前に友人に電話して、上の子のことをお願いしておかなければと思った瞬間、少し自分を取り戻した。

「上の子を悲しませられない」

と思うと、その泣きはらした顔のまま、幼稚園に迎えに行った。

この手記にあるように「自分のせいなのではないか」と自分を責めてしまう人がいるかもしれません。

でも、絶対に自分を責めないでくださいね。あなたは悪くないのです。


今は混乱の中にあるかもしれません。不安、葛藤、焦りなど、さまざまな感情が心の中で複雑に絡み合って、思考が止まってしまうかもしれませんが、そうなって当然なのです。自分の中にわき起こった気持ちはあたりまえの感情だと思うのです。その感情に無理にふたをしたり、自分だけで抱え込もうとしないでほしいのです。

誰かに話すことで気持ちが少し軽くなるかもしれません。

今は誰にも話したくないという気持ちであれば、それでも大丈夫です。

紹介した手記にあるように、どんなに苦しく悲しい思いを抱えていても、家事や子どもの世話には休みがありません。時には、この現状から逃げてしまいたいという気持ちになってしまうこともあるかもしれません。

この本の中には、このような状況にあるお母さんにとって必要な情報もあれば、今は目を向けたくない情報もあるかもしれません。自分のペースで、読みたい部分を読んでいただければ大丈夫です。

✻ 自閉スペクトラム症について

私がクリニックに勤務していた25年前は、児童精神科医の院長先生から「小児自閉症」という診断名が告げられ、お母さんたちは、「小児自閉症って何？　自閉症？」と、今まで、聞いたことも想像したこともなかった診断名に混乱されていたことを覚えています。

自閉スペクトラム症について、説明しておきます。

歴史からみると、１９４３年にアメリカの児童精神科医であるレオ・カナーが診療に訪れた11人の子どもたちの症状について「早期乳幼児自閉症」と名付けたことが最初といわれています。その翌年に、ハンス・アスペルガーが「アスペルガー症候群(Asperger Syndrome)」についての論文を発表し、知的な発達の遅れのない自閉症の存在が知られるようになりました。２０１３年のアメリカ精神医学会（ＡＰＡ）の診断基準ＤＳＭ-５の発表以降、「自閉スペクトラム症」と呼ばれるようになったのです。

日本では、２００５年に「発達障害者支援法」（※４）が施行され、自閉スペクトラム症を含む発達障害のある人とその家族の支援が明記されています。

発達障害者支援法において「発達障害」は、以下のように定義されています。

この法律において「発達障害」とは、自閉症、アスペルガー症候群その他の広汎性発達障害、学習障害、注意欠陥多動性障害、その他これに類する脳機能の障害であってその症状が通常低年齢において発現するものとして政令に定めるものをいう。（第二条一項）

近年、発達障害ということばは多くの人に知られるようになりました。しかし、その意味を誤って捉えている人も少なくないかもしれません。発達障害は診断名ではないので、自閉スペクトラム症の診断のある子どもは、発達障害のグループの中に存在すると考えていただけたらと思います。

自閉スペクトラム症の子どもの幼児期にみられる主な症状は、次のようなことが挙げられます。

ことばの遅れが認められたり、人とのコミュニケーションがうまく使うことのできない子どもがいます。社会性の発達の面では、視線が合いにくかったり、大人とのかかわりの中で、やりとりすることの難しさを感じることがあります。

たとえば、お母さんに自分と同じものを一緒に見てほしいという動作（視線や指差し）や、お母さんが子どもに見てほしいものを指差して注意を引こうと思っても、難しいことがあります。そのような時、お母さんやお父さんが子育ての中で、「わが子とつながれない」という虚しさや寂しさを抱えてしまうことも多いようです。

また、「お名前は?」と尋ねたら、「お名前は？」とオウム返しで答える子どももいます。独り言のように、アニメのセリフなどを繰り返して言う子どもや、３歳になったばかりで、興味のある自動車の名前をたくさん言うことができる一方で、大人やきょうだいなど、人とのやりとりの中では、ことばを使うことが難しい子どももいます。いずれにしても、家族がコミュニケーションをとりにくい子どもと感じてしまうことがあるようです。

感覚的な過敏さをもっている子どももいるので、タグが付いた洋服を極端に嫌がる子ども、歯磨きができない子どももいます。

とてもこだわりが強く、遊びや行動に違和感を覚えることもあるようです。遊びや行動の様子については、きょうだい（兄や姉）がいる場合、「上の子と違うなあ」という感じで、発達について親が心配を抱えることもあります。物事の順番へのこだわりが強く、いつも通る道が工事をしていて回り道をしたら、怒ってしまう子どももいます。常に動き回って、目が離せない子どももいますので、買い物へ一緒に連れていくのにも大変な思いをしている家族もいます。

また、偏食や異食（食べられないものを食べてしまう）、夜なかなか寝てくれない、夜中に起きてドライブに連れていかないと寝てくれないなど、子育てをしていくうえで苦労をする例もあります。「どうしてこんな行動をするの？」と不思議に思ったり、困惑したりすることばかりで、挙げたらきりがありません。

ことばの遅れが目立ったり、子育ての中で、何度教えてもなかなかできなかったり、物事に対する理解が乏しいと感じたりすると、もしかして、知的な発達の遅れがあるかもしれないと不安になってしまう家族もいます。しかし、子どもがまだ幼い時は、こうした知的な発達の遅れが明確にわからないことが多く、5歳くらいにならないと正しい診断はできないという報告もあります。

幼い子どもの発達や行動への心配ごとがあった場合、周囲の大人が子どもの状況を理解することが大切です。子どもの一番身近な存在であるお母さんをはじめとした家族は、こうした心配に対して大きな不安を抱えてしまうので、できるだけ早く支援者と出会うことが理想です。私が勤務していたクリニックの院長先生はこのことを認識されていて、自閉スペクトラム症の診断直後からセラピストによる個別支援を週一回のペースで行うという取り組みをされていました。当時、私が担当していた子どもたちの中から、二人の子どもを紹介します。

ゆうき君は、ことばが出ないことや人や物への関心が低い子どもで、３歳になってすぐに自閉スペクトラム症の診断を受けました。はじめて会った時、足に血豆ができていました。この血豆は、足の指を床に叩きつける癖があってついたということでした。自分の頭を手で叩き、足の指を床に叩きつけながら、苦しそうに高い声を上げていました。ゆうき君のお母さんは子育てに疲弊している様子で、こういった行動をするゆうき君を直視することもつらい様子でした。どうやってこの子と過ごしたらよいのかわからないと、深い悲しみと混乱の中にいました。ゆうき君は医師からも、とても重い障害を抱えていると告げられ、児童相談所で行った心理検査により、３歳で知的障害が重度であることが判明したということです。

みゆきちゃんもゆうき君と同じ診断名でしたが、医師は、知的障害はないと判断していました。ことばをたくさん知っていて、とても聡明な子どもでした。しかし、こだわりが強く、特に持ち物に対するこだわりが強くありました。また、自分の思い通りにしたい（これはこうなるべき）という考えを強くもっていたので、お母さんは子育てにとても苦労していました。また、お母さんはいつもみゆきちゃんの話につきあうように心がけていましたが、自分の興味のある話を一方的にされるので、時々「しつこくて嫌になってしまう。でも、つきあわないとパニックみたいになるし……」と愚痴をこぼしていました。

私が出会った自閉スペクトラム症の子どもにもさまざまなタイプの子どもがいます。知的な発達の遅れの有無にかかわらず、前述のような幼い頃に現れる症状は、子育てをしている家族にとっては、子どもの理解が容易にできないものだと感じてきました。

このように、自閉スペクトラム症の子どもは、知的な発達の遅れのある子どもも、遅れのない子どももいます。しかし、症状の特性には共通点があることを、児童精神科医であり、自閉スペクトラム症の子どもの母親でもあるローナ・ウイングが説いています（※5）。彼女は自閉スペクトラム症を理解するための三つ組として、①社会性、②コミュニケーション、③想像性（こだわりなど）の特性があることを挙げ、手先の不器用さや聴覚や触覚の過敏性がある子どももいることを報告しています。

いずれにしても、子どもが診断を受けたり、そうかもしれないと思ったりすると、お母さんや家族は原因の所在を考え、苦しんでいることがあります。自閉スペクトラム症がどのように発症するのかについては、これまで研究がなされてきましたが、その原因は未だ解明されていないのが現状です。しかし、はっきりと否定できることが二点あります。

○親の育て方が悪いからではないということ
○子どもを生んだお母さんのせいでもないということ

まだ世間に偏見が多いことは事実です。「自閉」ということばのイメージから、自分の殻に閉じこもってしまう病気と勘違いする人もいますが、それは偏見です。ですから、社会で自閉スペクトラム症の理解を深め、支援の輪をひろげる活動がとても大切なのです。このような活動は、これまで世界中で行われてきました。家族、支援者、ボランティアによる啓発活動が長年行われてきた功績もあって、理解者も支援者も増えています。

日本には、「日本自閉症協会」があります。全国に加盟団体（親の会）があり、活動指針に「自閉スペクトラム症の人と、その家族、そして周りの人たちがみんなでしあわせに暮らせる未来をめざし、活動しています」と掲げています（※6）。このような活動をはじめ、家族、本人、支援者のさまざまな取り組みを通して、年々、理解者、支援者が増えてきているのは事実です。書籍もたくさん出版されています。近年では、専門家だけでなく、自閉スペクトラム症の子どもを育てる親御さんが書籍を出版され、これらから必要な情報を得ることができるようにもなりました。また、インターネットからもたくさんの情報を得ることができ、医療・福祉などの専門機関の公式ホームページからも「自閉スペクトラム症」についての情報が発信されています。調べれば調べるほど、わからなくなったり、心配になったりしますよね。

ですから、まず、目の前のわが子をどう理解して、どのように子育てに向き合っていけばよいのかを整理していくことが大事だと思います。この本の中で一緒に考えていきましょう。

✽ 自閉スペクトラム症の診断があってもこの子はこの子

クリニックに勤務していた時、診断を受けた直後に、わが子を私のもとへ連れて来ていたお母さんたちは、とても苦しい状況にありました。ゆうき君のお母さんのように暗いトンネルの中にいて、出口がどこかわからずさまよっている人たちを前にして、自身の無力さを感じる時もありました。

その時の私は、苦しい胸の内を語っててくれるお母さんの話にただひたすら、耳を傾けて聴くしかできないことが多々ありました。それが精いっぱいでした。どんなことばをかければよいのか、適切なことばがみつからなかったし、お母さんが安心できるような助言もできませんでした。しかし、その後、家族支援に携わる経験を積む中でわかってきたことがあります。

それは、ただ聴いてくれる人がいることの大切さです。励ましや助言などは、不要だと思うのです。お母さんの中に今ある感情をまるごと受け容《い》れ、その気持ちに対して「つらいね、悲しいね、悔しいね……」と、時にはことばに出して、そばで寄り添ってくれる人が必要なのです。

子どものお父さん（夫）でも、祖父母でも、親戚でも、友達でもよいのかもしれません。

でも、もし今、話せる人がいなければ、この本の中で私と対話しませんか？

暗闇の中にいるあなたに、そっと手を差し伸べたいと思っています。

「きっとこれから自分の胸の内を話せる人がみつかるから大丈夫です」

と言ってさしあげたいなとも思います。

どうしてもそこに立ち止まっていたいのであれば、それでも大丈夫です。子どものためにも、自分自身のためにも、この本の中で一緒に考えていきましょう。

ママかんの活動で一緒に活動してきた、みなちゃんのお母さんのことばです。

「病院で診断を受けた時、目の前が真っ暗になった。子どもを連れて、車に乗った時、涙があふれてきて声を上げて泣きました。子どもみたいに大きな声が出てしまったのです。

でも、ふと、後部座席にいるわが子に目をやると、あどけない顔でニコニコ笑っていて……。診断をされたことで私はこんなに混乱しているのに、この子は何も変わらないって。その時、はっとわれに返って、泣くのをやめました」

自閉スペクトラム症の診断があってもこの子はこの子。

まだ、この手で守らなければならない小さな子ども。お母さんは悲しくて、苦しくて、どうしたらよいのかわからない状態になってしまうかもしれません。一方で、目の前の子どもはどのように感じているのでしょう。

子どもは成長する中で、どこに向かえばよいのかわからなくなってしまうことがあるかもしれませんので、未来に続く道をお母さんがみつけて、共に歩きましょう。

診断を受けたあの日から25年以上経った今、泣いているお母さんをあどけない笑顔でみつめていたみなちゃんは、立派な大人になりました。25年の歩みは、決して平坦ではなかったけれど、たくさんの支援者や仲間に支えられて、子どもは成長します。みなちゃんのお母さんは、自身の子育て経験とわが子の成長を、診断を受けたお母さんたちに伝え続けてくれています。

「今はつらいと思うけど、大丈夫。必ず子どもは成長します」

次のページで紹介するのは、一緒に活動してきた「ママかん」のお母さんたちが、自閉スペクトラム症の診断を受けた家族に伝えたいメッセージを綴ってくれたものです。

誰も悪くないのです。

その時の育つタイミングで手を差し伸べる工夫をすることで必ず成長するのです。

たくさんの工夫や多くの時間が必要かもしれません。でも信じてください。小さい成長を見つけ、さらに子どもが愛おしくなるでしょう。

表現できなくても、子どもたちは、両親の愛情をとても繊細に"心"で受けとめます。


今は、とても悲しいでしょう。

いろいろと迷い苦しいでしょうが、後は時が経つことでしょうか？

今悩み悲しんだことが、今から先の生活に役立ちます。

親も子どもたちも生きていく上での大切なことがわかってきますから。


今できないことがたくさんあっても、いつかできるようになります。かと思うと一生できないこともあるかもしれません。そのあたりの見極めもいつかできるようになります。

ただとりあえず日常生活の自立ができるように（トイレや食事など）。

それは本当に少しずつの積み重ねです。


診断を受けた直後はショックで打ちひしがれるでしょう。一番つらい時期です。でも母がクヨクヨしていても始まりません。

気持ちを切り替えましょう。

子どもはゆっくり成長していきます。

母親の接し方次第で、類稀なる才能が開花するかもしれません。

他の子と比べて焦らず、ゆっくり諦めずにできたことを喜んであげてください。

資料◉ 自閉症という診断を受けて　ママからママへのメッセージ～ママかんスタッフより（※７）

ママからママへのメッセージ

**自閉スペクトラム症は育ちの過程の中で発見される障害です。
ここで紹介するママたちは、2歳～5歳までの間で「自閉スペクトラム症」の
診断を医師から受けました。その前後はとても悩んでおられたそうです。
そして同じような経験をした人の言葉が支えになるかもしれないという
思いで、自分自身の経験をもとにメッセージを書いてくださいました。**

診断されてしまった…と落ち込み、悲しむ気持ちは当然のことと思います。どうしてよいのか分からないと立ちすくんでしまうのもそうです。
みんなその道を通ってきました。どうやって歩いてきたのか、今自分自身を振り返るとやはり、目の前の子どもがかわいくて、いとおしくて仕方ない存在だったからだと思います。

この子どもを育てていこうという思いで、今までやってきたと思います。普通の子育てよりは確かに手間がかかりますし、勝手が違うかもしれません。

けれど普通よりもずっとたくさんの支えがあります。
一緒に考えてくれる人たちがいます。
ひとりで考え込んで育てることはないと思います。

子どもの小さな成長でも心から喜べるのは、
やはり幸せなことだと思っています。

考え込んでしまうことが多いと思うので、
とにかくストレスを溜めすぎずに同じ悩みを持つ親同士話を聞いたり聞いてもらったりして、
自分自身を楽にすることがいいと思います。

✽ 診断前の心配な日々の中で

自閉スペクトラム症の子どもを育てるお母さんに診断前のことを伺うと、多くの方が次のように答えてくれます。

「もしかしたら、診断される前の時期の方がつらかったかもしれない」

自閉スペクトラム症は、生まれてすぐにわかるものではなくて、育ちの過程で何らかの気づきがあって、発見されることが多いです。近年は〈発達障害〉というキーワードで、書籍やテレビなどで取り上げられるようになりました。ひと昔前は、今ほど知られていなかったので、家族の困惑は大きかったように思います。

「ことばが出ない」

「目が合わない」

「なぜこんな遊びをするの？」

「なぜこんなに動き回るの？」

「なぜこんな大きな声を出すの？」

「なぜこんなことにこだわるの？」


こうしたわが子の育ちの遅れや心配ごとを抱えながら子育てしていると、毎日、どうやって過ごしていたかも思い出せないくらい大変だったということばが返ってきます。

お母さんたちはたくさんの〈心配ごと〉を抱え、不安は大きくなるばかりですけれど、立ち止まって悩んでいる暇がないくらい、毎日、子どものことや家のことに振り回されています。そんな日々の中で、夫やお姑さんから「あなたの育て方が悪いのではないか」など、心ないことばをかけられてしまい、深く傷ついていたお母さんもいました。

また、インターネットの情報などから、もしかしたら、「自閉スペクトラム症？」「ADHD？」など、発達障害のキーワードに目がとまり、気づいたらそんな情報ばかり調べてしまい、不安が高まるばかりになったという人もいました。
同じ年の子どもと比べてしまったり、自分を責めてしまったり、何をしても楽しくない、なんでもないのに涙が出てしまう、人に会いたくない……など、ネガティブな感情がわいてくることもあります。
目を離せないくらい子どもが動き回ったり、大きな声を出したりするタイプだったら、外に出れば、好奇な目で見られたり、「しつけができていない子」「親は何しているの」といった酷評を受けたように感じることがあるでしょう。世の中では、「子どもは社会の宝」といわれていますが、そのことばがいかに形骸化しているかを実感せざるを得ないでしょう。

誰も私の味方はいない。誰も信じたくない。誰とも話したくない。

そんな心が折れそうな日々の中でも、家事や育児に休みはなく、目の前のわが子の世話を必死にするしかないのです。

こんな状態を一人で抱え込んだり、がんばり過ぎたりすると、心が病んでしまいそうになります。

あるお母さんの手記を紹介します。

〈けんいち君のお母さん〉

2歳の頃だったと思います。言葉の遅れが気になっていました。保健師さんからは、専門施設に行くほどではないと言われて保健所で開催されている親子教室に通っていたんです。でも、走り回るし、他の子どもたちが興味をもつ遊びもしない、絵本の読み聞かせは聞いていない。

あるお母さんに「なんでできないの?」と言われて行けなくなったんです。

このころは、白黒がはっきりするような、しないような感じで、いつも気分が滅入っていました。夫に相談してもちゃんと聞いてくれないし、保健師さんには「様子を見ましょう」と言われました。3歳になってから、児童相談所の療育相談に行って、やっと（自閉症と）診断されました。そのときはなぜかほっとした気持ちが強かったように思います。

結局、健診から療育相談までは自分だけが苦しかったんです（※8）。

※診断名は、２００９年当時の表現をそのまま引用しています。

〈ゆりこちゃんのお母さん〉

３歳児健診で発達の遅れを指摘され、その後、保健センターで実施されている親子教室に通った。

はっきりいって、「障害の疑い」がかけられて嫌な思いをしていたけれど、保健師さんがとてもいい方で行くのが楽しみだった。また保育士さんが、いろんな遊びを親子で一緒にやったりした。なぜかその時間だけは、みんなと一緒なので、癒される時間だったように思う。子どもと二人で家にいると気が滅入ることも多かったから。

そこで知り合った親子が先に「自閉症」の診断をされて、うちも同じかもしれないと覚悟はしていた。でも、3歳8ヶ月の時に医師から「高機能自閉症」と告知されたときは、本当にショックだった。夫や夫の家族は「何かの間違えではないか」とまったく受け入れる気持ちがなかった。

小学校入学の時に就学時健診や校長先生との話し合いをする段階でやっとわが子の障害について向かい合ってくれるようになった。それまでの2年半は、家族の中でも孤独を感じていて本当につらい時期だった（※8）。

※診断名は、2009年当時の表現をそのまま引用しています。

けんいち君は、3歳2か月で自閉スペクトラム症の診断を受けました。1歳6か月健診で発達の遅れの指摘を受けてから、お母さんは本当に孤独だったと語ってくれました。何年か経ってから、この時の気持ちを振り返ったお母さんのことばです。

「あのころの私は本当に子どものことを可愛いと思えなくて。でもそう思ってしまう自分を責めたり、誰かのせいにしようとしたり、本当に混乱していたように思います。

でも、今、思うと、そのころのけんいちに悪いことをしたと思っているんです。あんなに可愛いかったのに、そう思えない自分がいて」

けんいち君のお母さんのことばを聴いて、胸が少し苦しくなりました。彼女が悪いわけではないので、自分を責めてほしくないのです。

しかし、このように気持ちを振り返ることができるのだから、その気持ちをことばにすることが大事だと思うのです。けんいち君のお母さんは、その時、気持ちを伝えられる場所があればよかったのだと思うのです。

ゆりこちゃんのお母さんの手記からは、夫や夫の家族との意識の違いに戸惑っていた様子がうかがえます。こうした話はよくあることで、お母さんが一人で苦しんでいる場合は少なくありません。家族の中で孤独を感じることは、とてもつらいことです。

お母さんの認識とお父さんの認識が今は違っていても、いつか共有できるようになる時がきっと来ると思います。

✿ 支援者との出会い

お母さんには、地域にたくさんの理解者、支援者がいることに気づいてほしいと思います。心配ごとを心の中に抱えていたら、きっとつらくなります。一人で涙を流すなんてつらいことです。ですから、できるだけ早く、胸の内を打ち明けられる人に出会うことが大切だと思います。わかってくれる人に話を聴いてもらって、つらかったらたくさん涙を流してほしいのです。

地域には、たくさんの味方がいます。

あなたの気持ち、思いをまるごと受け止めてくれる人、心地よいと思える場所もきっとみつかります。ですから、一人で悩まないでくださいね。

【引用・参考文献】

（※１）『あくしゅの会　ボランティアのためのハンドブック〈自閉症児の託児のまき〉』２００５年

（※２）「自閉症ノブの世界」（サポートブック考案者のブログ）〈https://www.niji.or.jp/home/xicczt/〉

（※３）藤田久美「発達障害支援における子育てサロン活動の実践的研究─大学施設を利用した『ママかんフリーカフェ』の実践から」『山口県立大学学術情報』第６号、２０１３年

（※４）厚生労働省「発達障害者支援法」〈https://www.mhlw.go.jp/web/t_doc?dataId=83aa6591&dataType=0&pageNo=1〉

（※５）久保紘章・佐々木正美・清水康夫監訳、ローナ・ウィング『自閉症スペクトル─親と専門家のためのガイドブック』東京書籍、１９９８年

（※６）一般社団法人日本自閉症協会公式ホームページ〈https://www.autism.or.jp/〉

（※７）山口県立大学社会福祉学部障害児教育研究室編『発達障害児のある子どもを育てるあなたへ─家族、支援者、ボランティアとともに─』山口県立大学社会福祉学部障害児教育研究室発行、２００８年

（※８）藤田久美「第５章　発達障害と家族支援」斎藤美麿他『発達障害の理解と支援』ふくろう出版、２００９年

Part 2

つながりの中で育てよう ―支援者と共に―

自閉スペクトラム症の子育ては、
できるだけ早いうちから支援者とつながることが大切です。
大丈夫。必ずあなたの支えになってくれる人がいます。
支援者と共に歩む子育てにはどんな意味があるのでしょうか。
一緒に考えてみましょう。

✲ 支援の場から届けるメッセージ

ｐａｒｔ１で、自閉スペクトラム症の診断を受けた時のつらい時期を乗り越えるためには、サポートしてくれる人が必要不可欠ということをお伝えしました。

わが子に自閉スペクトラム症の診断がなければ、きっと出会うことがなかった人との出会いがあります。サポートしてくれる人は、医療、教育、保健、福祉、保育、行政などに携わる人だけでなく、地域のさまざまな場にもたくさん存在します。ここでは、私自身のこれまでの経験をふまえて、次の三つの支援の場を紹介します。

支援の場① ― 地域子育て支援拠点（子育てひろば）

地域の中の身近な場所「子育てひろば」

みなさんが住んでいる地域には、親子で気軽に利用できる「地域子育て支援拠点」と呼ばれる子育て支援の場があります。

私が住んでいる山口市にも、「てとてと（ほっとサロン西門前てとてと）」や「ちゃちゃちゃ（子育て交流広場ちゃ☆ちゃ☆ちゃ）」など、可愛くて親しみの感じられる愛称で施設名が表現されています。

地域子育て支援拠点とは、地域にある身近な場所で、子育て中の親子が気軽につどい、相互交流や育児相談ができる場を提供する事業のことです。地域型と保育所に併設されている保育所併設型があり、行政やNPO法人が担い手となって運営されています。主な対象は、０歳～３歳の子どもとその親ですが、この時期には、家庭の中で育児を行っていることも多く、子育てが孤立しやすくなるということから、親子でつどう場が設置されてきました。「子育てひろば」と表現する方がお母さんにとってはなじみやすいかもしれません。

子育てひろばは全国にあり、「NPO法人子育てひろば全国連絡協議会」という団体があります。行政からの委託や補助にかかわらず、「乳幼児の子育て家庭に寄り添う場」を基本理念として、こんな場であってほしいという定義が示されています（※1）。その中の一つに「子育ての悩みに寄り添って聞いてくれるスタッフがいる場」と明記されています。このようなポリシーをもとに、子育てひろばに携わるスタッフは、子育て支援の重要性を認識しつつ、地域の子育て応援隊として役割を担っています。

2002年、山口市に初となる子育て中の母親が中心となって運営する「子育てひろば」の立ち上げの準備がはじまりました。当時の私は、障害児支援にかかわるボランティアとして、地域の子育て支援活動に取り組んでいました。この立場で、山口市の子育てひろばをつくる準備段階から、専任アドバイザーとしてかかわる貴重な経験をしました。子育て中の親や子育てを経験したことのある親が中心となっていたので、これまでにない「子育て支援のカタチ」をつくろうと、子育て中の家族の目線で活動を展開する準備をしました。その当初から私は、「地域の中には、子どもの発達の心配を抱えているお母さんがいる」「自閉スペクトラム症の子どもを連れてこられる場所になってほしい」という思いを伝えてきました。22年間の運営を振り返ると、困難を抱えているたくさんの親子との出会いがありました。子育てひろばのスタッフの声を紹介します。


「子育ては完璧じゃなくていいんだ」

「子育てに悩みはつきものですからなんでも聞いてほしい」

「心配ごとがあれば一緒に考えよう」

「さまざまな子育てのカタチがあっていいのでは？　柔軟な考えをもとう」

「ちょっと育てにくいと感じる子どももいるよね。ここに来て、みんなで育てようよ」

こうした声に耳を傾けると、子育て真っ最中のお母さんに対し、カジュアルな雰囲気で対応していると感じがとてもいいなと思います。そんな雰囲気だからでしょうか。これまで、利用者（子育て中のお母さん）がスタッフに、子どもの発達についての心配を打ち明けてくれることが何度もありました。

「ことばが遅くて、心配です。ただ遅れているだけなのか、何か問題があるのかな」

「偏食がすごくあって大変。他にもいろいろ気になることがあって調べてみたら、自閉スペクトラム症ではないかと思うんです」

「1歳6か月健診で、心配なことがあって、保健師さんから、発達の様子をみていきたいといわれて、相談会みたいなのによばれてしまいました。いきたくないんだけど、行った方がよいと思いますか？」

子育てひろばにおいては、子どもの障害を発見するといった役割も期待されるという報告もあります（※2）。こうした役割が期待されるものの、障害児支援の専門施設ではないので、子どもの発達が気になる時期に利用した場合、気軽に相談ができたという例もあります。子育てひろばはお母さんにとって、心地よい施設であると思われます。

子育てひろばにやってくる子どもが、自閉スペクトラム症の診断を受けたお母さんたちの声です。

「ことばの遅れがあったため、とても心配だったけど、ここで出会えたスタッフにも子どもをみてもらえることで、心が軽くなったんです」

「家の中にいたら、いらいらしてばかりしていたけど、ひろばにいる時は、笑って子どもにかかわることができるんです」

「通っているうちに、本当に心配になっていることを素直にスタッフに話すことができた時、涙がはじめてあふれ出ました。それから、いろいろな情報をもらって、前に進むことができました」

ゆるやかにサポートしてもらうことの大切さ

ｐａｒｔ１で紹介した「発達障害者支援法」は、乳幼児期から成人期までの地域における一貫した支援の重要性を唱えています。

この法律では、早期発見・早期支援の重要性が伝えられ、乳幼児健診での早期発見、幼稚園・保育所、子育てひろばなどの支援者による気づきにも期待が寄せられています。しかし、早期に気づきがあっても、支援者の「家族への支援」意識が低ければ、早期発見・早期支援にはなりません。家族支援がどのように提供されるかが、一番大切なのです。

子どもの発達の遅れや何らかの課題を支援者に指摘された場合、お母さんが「うそでしょう」「そんなはずはない」といった疑念や否定的な気持ちを抱くことは当然です。指摘されたことで、この支援者とはもうかかわりたくないという気持ちを抱いてしまうこともあるかもしれません。

早期発見・早期支援は大切なことで、これは間違いではありません。しかし、お母さん・家族の気持ちがついていけないのです。気づきや心配ごとがあったとしても、とんとん拍子で物事が進んでしまうととても不安になりますよね。ですから、家族に寄り添った支援が必要なのです。

支援者の心得として「支援者は、子どもの発達の遅れに対する親の偏りを受容し、前向きに子育てができるように支援することが大切」「支援者は親の障害受容を支える」といった文言を目にすることがあります。

しかし、家族の立場であれば、そんなに簡単にできることではありませんよね。

1歳6か月健診や3歳児健診後の子育て相談という場で、不安や葛藤の中で苦しまれているお母さんたちに出会ってきた経験から言えることは、彼女たちは他者から指摘されたことをそう簡単には受け容《い》れることはできないということです。

発達の心配が顕著である場合は、できるだけ早い時期から、子どもとお母さんへの支援が必要であることはたしかです。

しかし、お母さんがつらい思いをした時に、しっかり支えてくれる人がいなければ、子育てに向き合うことは難しいと思います。

発達について気になることを指摘された直後に、お母さんにはどんな支援が必要なのかについて、私は子育てひろばのスタッフの役割や課題について何度も考える機会がありました。

このような課題の解決に向けて、実践的な研究に取り組みました（※3）。診断は未だ受けていないけれど、乳幼児健診で発達の課題を指摘されたあと、できるだけ早くお母さんの支援を開始する方法の検討です。この研究を進めるにあたって、自閉スペクトラム症の子どもを育てる三人のお母さんにインタビューを行いました。

その中の一人が「子育てひろば」のスタッフとの出会いについて、次のように語っていました。

「とっても話しやすくて、子どもの発達が遅いと悩んでいた私の話を親身になって聴いてくれて。本当はあまり知られたくないようなことなんですが、その人にはすごく話すことができたんです」

このことばを聞いた時、私が経験してきたこれまでのさまざまなエピソードを思い出して、「子育てひろば」がお母さんにとって大切な支援の場であると確信できました。子育てひろばには、いつでも話を聴いてくれるスタッフが常駐しています。子どもの遊びを見守りながらリラックスして話せる雰囲気の中で、何気ない会話や、ふと子どもの発達で気になることも話せるのではないかと思います。

「1歳6か月健診で、ことばが遅いから、保健師さんに様子をみましょうって言われてしまって。まだこんなに小さいから、きっとそのうちことばが出るようになりますよね？」

子育てひろばの支援者に求められるものは、お母さんの本当の気持ちをまるごと受け容れられることだと思います。お母さんの心配ごとを「うん、うん」と聴いてくれて、心配な気持ちをまるごと受け止めてくれるでしょう。

子育てひろばは、子どもの発達が気になる段階にある時に、ゆるやかに支援してくれる場です。信頼できる支援者に出会うことができたら、胸の内を話してくださいね。

筆者からのメッセージ　その①

子育てひろば等の地域の子育て支援にかかわる支援者へ

地域の中で、子育て支援の活動に奮闘されているみなさんに私からお願いがあります。

利用される子どもと家族が安心して過ごしながら、子育てに関する相談が気軽にできる雰囲気づくりに努めていらっしゃると思います。いろいろな親子が利用されると思いますが、その中には、発達の気になる子どもを育てる親や、すでに診断を有するお子さんを連れてこられることもあるでしょう。また、子どもの育ちや親子関係で支援が必要だと感じつつも、どのように介入・支援していけばよいか悩まれていることもあるでしょう。

この本でお伝えしたように、みなさんは子育てひろばを利用するお母さんにとって、もっとも身近に相談できる支援者だと思っています。ですから、もし、どうすればよいか悩まれている子どもや家族に出会ったら、どうか、お母さんの一番の味方でいてほしいと思っています。

地域のさまざまな専門家（保健師など）との連携もとても大切ですが、まずは、子育て支援者としての立ち位置で親子をゆるやかに支援してほしいと思っています。自閉スペクトラム症など、発達障害のある子どもの子育ては多くの苦労が伴います。お母さんの話をいっぱい聴いてあげてくださいね。そして、必要な情報があれば、伝えてあげてください。

今後、発達障害のこと、自閉スペクトラム症のこと、早期支援の大切さなど、出会った親子への支援を経験したり、研修などで学んだりする機会もあると思います。みなさんにはあくまでも「子育て支援にかかわる立場」というスタンスで、お母さんの応援隊の一人になっていただけたらとてもうれしいです。

支援の場② ― 幼稚園・保育所・認定こども園

子どもの育ちを支える保育の場

二つ目の支援の場は、幼稚園・保育所・認定こども園です。ここでは総括して「園」と表現することとします。

園では、幼稚園教諭や保育士などの資格を有した支援者（以下、保育者）が、子どもの保育に取り組んでいます。これまで私は、自閉スペクトラム症の子どもの保育に携わる保育者との出会いを通して、保育者が子どもの家族に対する支援の視点をもち、家族と共に子どもの成長を支えていく姿をたくさん見てきました。

自閉スペクトラム症の子どもを育てるお母さん・家族に、ぜひ、園で育つ子どもと保育者の専門性について知ってほしいのです。そのことを知ったうえで、園に期待すること、保育者と家族がどのように連携したらよいか考えていきましょう。

ありのままの子どもの姿を受け容れて

桜のつぼみがふくらんできた3月末。卒園間近の子どもたちが園庭で元気に遊んでいます。

かずき君は、自閉スペクトラム症の診断のある男の子。園庭のブランコが大好きで、今日も得意の立ちこぎです。春風とコラボしたようなリズムでブランコをこいでいます。はじけんばかりのニコニコの笑顔です。

かずき君のそばでは、担当の保育者が笑顔で見守っています。

かずき君は2歳半で、医師から自閉スペクトラム症の疑いがあることを指摘され、3歳を過ぎてから確定診断を受けました。疑いがあった時からずっと、お母さんをはじめとした家族は心配を抱えながら日々を過ごし、確定診断があった時はショックが大きく、途方に暮れてしまったそうです。しかし、その後、保健師から紹介された、

障害のある子どもが通う施設（次の「支援の場③」で紹介する「児童発達支援」）を利用するようになり、少しずつ前を向けるようになれたということでした。お母さんが仕事をしていたので、かずき君は園に週三日通うことになりました。

かずき君の園で過ごす時間は、加配保育士（障害の診断のある子どもを担当する保育士）が中心となって対応することになりました。みんなと一緒の活動をすることはなかなか難しかったので、園では個別の対応を中心にしつつ、年少（3歳児）・年中（4歳児）・年長（5歳児）の3年間、かずき君の成長に合わせながら、同じクラスの子どもたちと一緒に過ごす保育の方法を考えていきました。

入園した年少の頃は、人が多いところが苦手で聴覚も過敏だったので、誰もいない園のホールや庭で、加配保育士と二人で過ごすことが多かったということです。クラスの部屋に入ることも難しく、同年齢の友達にも興味がなかったので、園で行うさまざまな活動にも参加が難しかったようです。お母さんは、かずき君に重度の知的障害のあることと自閉スペクトラム症の特性も理解していたので、みんなと同じような行動はそう簡単にできないと思っていましたが、少しだけ期待をもっていたそうです。それは、園でさまざまな経験をすることで、かずき君がいつか友達と一緒に活動できるようになるかもしれない、集団生活を経験することで、できることが増えるかもしれないという期待です。

園ではお母さんのこうした願いを理解しつつ、かずき君の支援について考えました。しかし、同じ活動をすることが難しい場面は、想像以上に多かったそうです。園とお母さんは対話を繰り返し、かずき君にとってよりよい園での過ごし方などについて一緒に考えました。

やがて、お母さんは期待することをやめて、「かずきにとって、園での生活がハッピーになってくれたらそれでいい。みんなと同じように活動できなくていい」と思うようになりました。

園庭で、クラスの友達が鬼ごっこをしたり、砂遊びを楽しんだり、友達とかかわりながら遊んでいるときも、かずき君は保育者に見守られながら、大好きなブランコを立ちこぎしています。その表情を見ると、彼が最高にハッピーなことがわかります。お母さんはその姿を見て、

「かずきらしいね」

と笑顔になりました。私は、お母さんのその「らしい」という表現が大好きでした。

みんなと一緒にできないから困ったな、だめだなということではなく、みんなと一緒にできないけれど、「かずき君らしく過ごすことができてよかったね」と思えることが大切だと思うのです。なぜなら、その表現にはお母さんがかずき君をまるごと理解して、彼らしい姿を可愛いと思える気持ちがこもっているからです。その時のお母さんの表情からは、優しくてあたたかい、とても大きな愛を感じることができました。

園にはさまざまな子どもが通っています。障害のある子どもが園に通い、園ではその子どもへの個別対応をしつつ、クラスの友達と一緒に保育していくことについて、

保育学の分野において長年にわたって研究がされてきました。研究者や園の保育者による実践研究から得られた成果も、多数報告されています。また、かつては、保育が「統合保育」いう理念で展開されていた時代があります。これは、障害のある子どもを園に入れて、障害のない子どもと一緒に保育するという考え方です。**図2-1**のように、園やクラスの中に障害のある子どもを加えるというイメージです。障害の有無にかかわらず、誰でも安心して暮らせる社会をつくってきた歴史の中で、「統合保育」の実践では、共生社会をつくっていくうえで非常に重要であると考えられます。

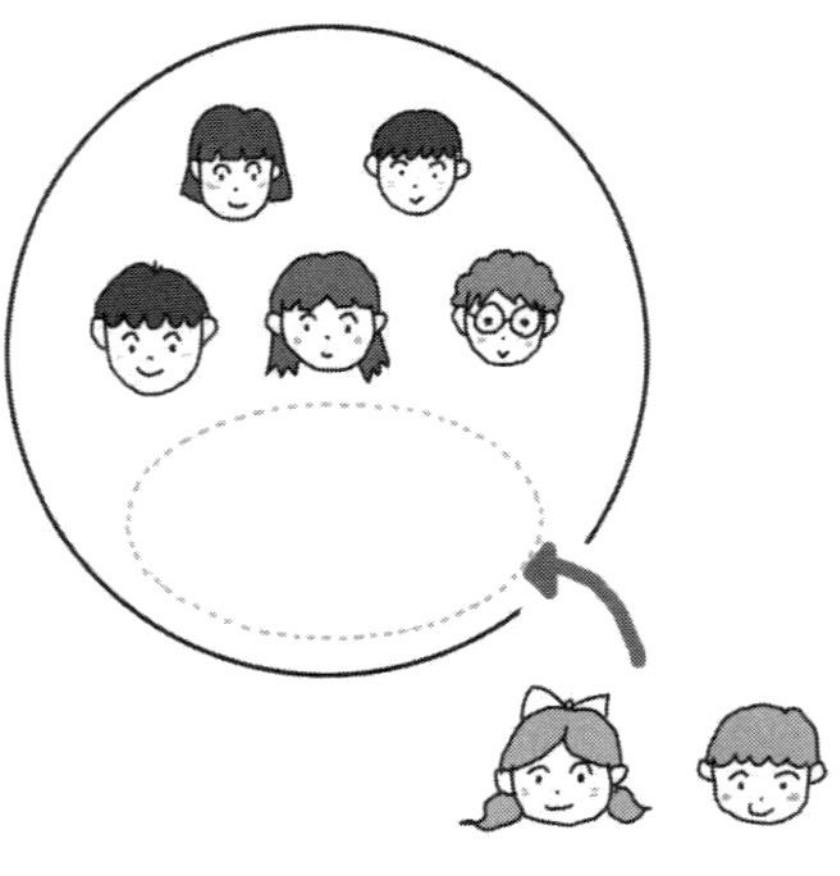

図 2-1　統合保育のイメージ

近年は、「統合保育」から「インクルーシブ保育」という表現に変わりました。インクルーシブというのは、日本語にすると「包含する」という意味です。図2-2のように、すべての子どもがはじめから一つの集団に包み込まれているというイメージです。

園には、さまざまな子どもがいてあたりまえです。子ども同士が生活や遊びを共にすることで、育ち合う場です。保育者には、障害のある子どもに必要な配慮をしつつ、障害の有無にかかわらず、子どもたちが共に過ごせる環境をつくっていくことが求められます。

図 2-2 インクルーシブ保育のイメージ

この時、大切にしてほしいことは、「みんなと一緒にできなくてよい」ということです。もちろん、一緒に過ごす時間で育まれるものもあります。その環境づくりや支援の方法を考えるのは、保育者の仕事です。方法を考えていく時に、お母さんは子どものことを一番知っている理解者として、保育者に子どもの情報を伝えてほしいのです。そして、お母さんが、子どものことをありのままに受け容れられているかということも大事になります。子どもの一番の理解者であるお母さんが保育者と一緒に、子どもにとってよりよい園での過ごし方について考えてみてください。

子どもとの出会いで人生が変わる保育者の姿

「かずき君との出会いがきっかけで、人生が変わりました」

これは、前述のかずき君の加配保育士だった人のことばです。自閉スペクトラム症の子どもの保育を経験した多くの保育者から、同様のことばを聞いてきました。その中から、障害のある子どもの保育に20年以上携わってきた、田中先生のエピソードを紹介しましょう。

田中先生がはじめて障害のある子どもに出会ったのは、幼稚園教諭として、園に勤務して5年目のことだったそうです。

自閉スペクトラム症と知的障害のある女の子、ゆうこちゃんに年少と年中の2年にわたり、担任としてかかわりました。

「ゆうこちゃんは、自身のこれまでの保育で経験したことのないたくさんの課題をくれました。ゆうこちゃんとの出会いをきっかけに障害のある子どもの保育について関心をもち、それ以降、障害児保育にかかわっていくことになりました」

ゆうこちゃんの障害は重度で、入園した頃にパニックになって、自分の頭を手でバンバン叩いたり、友達を突き飛ばしたりするのを田中先生が必死に止めながら、なぜこのような行動を起こすのか、まったく理解することができなかったそうです。

また、ことばの遅れがあって、コミュニケーションもうまくいかないので、ゆうこちゃんを理解することがとても難しかったと教えてくれました。しかし、お母さんとの対話を重ねてこう思ったそうです。

「お母さんは毎日毎日、３６５日、ゆうこちゃんとかかわっている。日々、この子の子育てをしているお母さん、お父さんのがんばりを考えたら、幼稚園にいるあいだは、私がしっかりかかわろう」

田中先生は園で、ゆうこちゃんにしっかりかかわろうと決意したそうです。

「私たち幼稚園教諭に何ができるかということを考えなければ」

園でできることとはなんでしょうか。

障害のある子どもを保育することになると、環境を工夫したり、保育の方法を整えたりする必要があります。また、障害のある子どもに合わせた特別な配慮も必要でしょう。子どもが地域の中に包み含まれながら、安心して育っていくために、園でできることを考えていくとともに、子どもに直接かかわる保育者にはどんな専門性が必要なのか、研究に取り組む必要があると考えました。

子どもが園で育つために ―保育者の専門性と家族の役割―

障害児保育分野の研究を進める中で、わかってきたことがあります。それは、保育者は障害のある子どもと出会い、かかわるという保育の実践を積み重ねることによって、保育者の専門性が磨かれるということです。

障害のある子どもを支援するには、支援者（ここでは保育者）は、何か特別な知識や技術をもっていなければならないのではないか、と思う人が少なくないかもしれません。もちろん、そういうことも学んでほしいという思いや願いはありますし、保育者は、自閉スペクトラム症の障害の特性や支援方法について勉強することも大事だと思います。

しかし、知識ばかりの頭でっかちになってしまっては、よい保育に取り組むことは難しいでしょう。目の前の○○君、○○ちゃんを、一人の子どもとして見てほしいと思います。その子どものことを理解する姿勢を保持することが大切になります。

では、障害のある子どもの保育を行う場合、保育者はどんな能力や資質（コンピテンシー）を備えていなくてはならないのでしょうか。

このことを探究するために、私は２０２３年から、「障害児保育実践コンピテンシーの開発」の研究に取り組んでいます（※４）。この研究において、保育者が障害児保育に深い関心をもっていることを基盤とし、「子ども理解」をもとにした「援助」の方法は、保育実践のプロセスの中で、保育者自身の実践の蓄積（子どもや家族とのかかわり）と省察（保育の振り返り）が大切であることを提案しました。障害児保育実践を構成するコンピテンシーモデルを図2-3に示します。

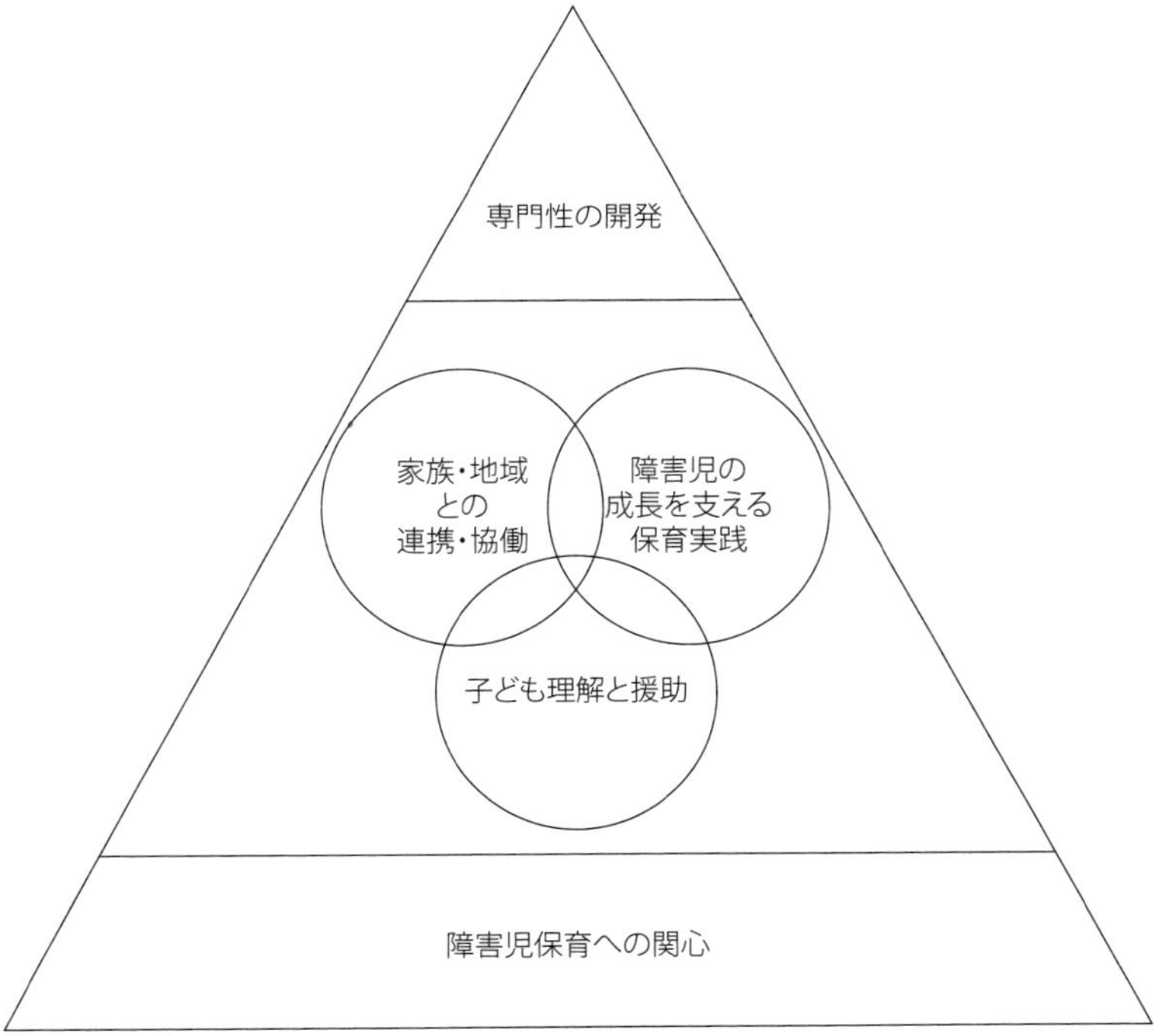

図 2-3　障害児保育実践を構成するコンピテンシーモデル
出典：藤田・永瀬（2013）

研究を進めるにあたり、数人の保育者にインタビューを行いました。その結果、どの保育者からも、「障害のある子どもから学んで、保育者として成長できた」「私のキャリアの中でこの子との出会いは、一生の宝物」などの声が聞かれたのです。さらに、「子どもと家族がもっと安心して暮らすことのできる社会になるために、いろいろな人に発信していきたい」と語ってくれる保育者もいました。子どものおかげですね。

もし、保育者に自閉スペクトラム症の子どもの保育をした経験がなければ、お母さんは不安になるかもしれません。しかし、保育者は経験を積み重ねる中で専門性を高め、子どもにとって大切な存在になってくれるのです。もちろん、お母さんにとっても信頼できる支援者になってくれると思います。

入園時に、お母さんが子どものことを保育者に伝え、理解してもらうことが大切です。**表2-1**は、障害のある子どもを担当する保育者に、家族に聞いてほしいことをまとめたものです。参考にしていただきたいです（※5）。

表 2-1　保育者が家族から情報を得る内容

項目	整理するポイント
これまでの歩み	生まれてからのこれまでのこと 子どもの様子と家族の心情
家庭での遊びの様子	本人と家族との関係 家族（父・母・祖父母・きょうだい）の本人への思いやかかわり
家庭での生活の様子	家庭での生活の様子（食事、排せつ、着脱衣、清潔、睡眠などの様子） 生活面でどのような支援が必要か、家庭ではどのようにサポートしているか
関係機関（児童発達支援センター、医療機関等）での様子	利用している（利用していた）関係機関での子どもの様子や支援者とのかかわり
心配なこと	子どもの育ち 将来のこと（就学後のことなど）
本人のつよみ	家族からみた本人の得意なことや輝くところ 子どもの成長を感じるところ
要望	園に求めることや期待すること

出典：藤田（2021）

一方、お母さんは保育者に遠慮なく、子どものこと、自分の思いを伝えてください。ここでお母さんにちょっとがんばってほしいのは、子どもの情報を少し整理してから、保育者に伝えてほしいということです。

保育者による「子ども理解」は、保育の質に大きく影響します。ですから、お母さんからは「私の子どもはこんな子どもなんです」と伝えてほしいのです。子どもが自閉スペクトラム症とわかった時、家族はとてもショックを受けたと思います。しかし、日々の家庭での子育てを通して、子どもの理解を深めてきたこと、家族として子どもに向けるまなざし、かかわりはどんなものなのかを、お母さんのことばでよいので伝えてくださいね。

家族が子どもの一番の理解者になること

子どものことを支援者にわかりやすく伝えるツールとして、本書の巻末（216～221頁）にふろくとして紹介している「プロフィールブック」「サポートブック」

が役に立つかもしれません。機会があったら作成してみてほしいと思います。

また、自閉スペクトラム症の障害について、子どもの子育てを通して、家族が学んできたことを伝えるという方法もあります。これについては、児童精神科医である吉田友子氏の著書（※6）に「保育園・幼稚園に提出するしおり」が紹介されています。このしおりには、「自閉スペクトラム症の基本症状」や「その他の症状」を記述し、それぞれに、「わが子の場合は～があてはまります」のように、「～」の部分に記述できるようになっています。自閉スペクトラム症といっても、症状はそれぞれ異なりますので、家族は子どもの一番の理解者として「うちの子どもはこうです。だからこんなふうに支援していただけたらうれしいです」といった思いや願いを伝える準備ができるとよいですね。

そして、園に通うようになってからも、園と家庭、それぞれの子どもの様子について情報交換することで、新たな発見や気づきがあって、驚いたり、成長を感じられたりすることがあります。お母さんは保育者に園での子どもの様子を聞いて、親の立場からの意見や感想を伝えられるとよいと思います。

保育者の成長を支えるもの

障害のある子どもの保育について大切なことを、保育学者である津守真先生の教えからたくさん学びました。私が大学院生だった時の指導教授である友定啓子先生の恩師だったこともあり、津守先生の論文や書籍を読み、勉強会に参加するなど、貴重な体験をすることができました。家庭や園など、自閉スペクトラム症の子どもが日常的・継続的に育つ場で、どのようなまなざしで、大人は子どもにかかわればよいのか。また、子どもと大人の関係をどのように構築していったらよいのか。これらの問いは、自閉スペクトラム症の子どもの発達支援にかかわる私が探究していきたいテーマとなり、今日までの研究活動につながっています。

津守先生は「保育的関係」(※7、※8)という表現を用いて伝えています(図2-4)。津守先生の教えを障害のある子どもの保育に携わる保育者に伝え、子どもの保育に対する思いを語ってもらうとき、保育者は「子どもとのかかわりを振り返ることの大切さ」、つまり「省察」の大切さについて痛感するようです。子どもとのかかわりを振り返ることで、新たな子どもの姿が見えてきたり、その時には理解できなかった子どもの「思い」や「願い」に気づいたりすることができるのです。

保育的関係

＜出会うこと＞

子どもと出会うことから保育がはじまり、心の響き合いが生まれる。

子どもの心にふれることが保育の実践の出発点。

＜交わること―表現と理解＞

大人が子どもと交わることで１日が展開し、大人が子どもの表現をどのように理解して行動するかが重要。子どもの意図を読み取ることが、いつもできるとは限らず、大人の先入観がじゃましたりする。大人が自分の考えに固執せず、子どもが熱心に繰り返す行為に何の意味があるのかを考え、一緒にそれを楽しめるようになると。子どもは本心で願っていることを表現するようになる。

＜現在を形成すること＞

保育は現在を充実させる仕事であり、いま、目の前で、子どもとのやりとりをすることが中心。子どもと一緒にいる現在を、明るく活気的なものにすること、つまり、生命的な子どもに対してはおとなも生命的になることが求められる。

＜省察＞

子どもと交わった後、あのときどうしてこんなことをしたのだろう、あんなに子どもがおもしろそうにしたことは何だったんだろうなどと、保育者が自らの保育実践をふりかえること。このふりかえりは、子どもと交わる明日へとつながっていくもの。

図 2-4　保育的関係

出典：津守（2001）を参考に筆者作成

前述のゆうこちゃんを担当された田中先生からは、ゆうこちゃんとの日々のかかわりは、彼女をより深く理解するための大切な時間であり、その理解を家族と共有する時間が、自分にとって省察（保育の振り返り）になっていると伺いました。

田中先生はゆうこちゃんとの出会いをきっかけに、障害のある子どもの保育だけではなく、障害のある子どもの家族支援の重要性や、障害のある子どもを取り巻く環境にも関心を向けるようになったそうです。

ゆうこちゃんの家族と田中先生が3年をかけて、何度も何度も対話を重ね、ゆうこちゃんに対する理解を一緒に深めてきたことに大きな意味があるのです。

そして、ゆうこちゃんという存在は、一人の保育者の人生に大きな影響を与えたのです。

子どもは社会の宝物。その存在を輝かせ、今を生き生きと過ごせるようにすることが、大人の責任です。しかし、障害のある子どもを育てる家族の心は、とても複雑です。園で子どもを見守り、育ちを支えてくれる保育者は、家族にとってかけがえのない存在といえるでしょう。親だけで育てようとするのではなく、子どもの支援に携わる人（ここでは保育者）とつながって、子どもを育てていくことがとても大切なことです。

一方の保育者は子どもとの具体的なかかわりの中で成長し、専門性を向上させながら、保育者としてのキャリアを積んでいくことができるのです。

筆者からのメッセージ　その②

幼稚園・保育所・認定こども園の保育者へ

これまでたくさんの自閉スペクトラム症児の保育にかかわってきた先生たちを思い浮かべています。みなさん、子どもの姿に学び、子どもとの具体的なかかわりの中で、子どもに合った支援を考えてくださっていました。保育の中には子どもの育つ要素があふれています。園の先生方から、「専門機関ではないから本当に子どもの育ちを支えているか自信がない」ということを聴くことがあります。しかし、私は、園で育ってきた子どもをたくさん知っているのでそうは思わないのです。みなさんには保育者の専門性を生かして、子どもの強み（素敵なところ、得意なこと）をいっぱいみつけてほしいと思っています。また、専門機関といわれる場所ではない日常が保育の中にあると思っていますので、子どもと過ごす日々を大切にしてください。

自閉スペクトラム症の子どもの保育は、少し工夫が必要になるかもしれません。子どもが通っている他の支援施設（児童発達支援など）の支援者とも連携することも大切だと思います。もし子どもや家族の支援に悩んだら、クラス担任や加配保育者だけで考えるのではなく、チームで考えてほしいのです。研修を受けたり、外部の専門家に指導を受けたりすることも有効でしょう。

また、家族への支援は、園の大きな役割です。保育者は、家族の子育てを支える存在として、いつでも家族に寄り添う姿勢を忘れないでください。担当の保育者だけでなく、園のすべての先生方が子育ての応援隊であってほしいと思います。特に、お母さんは日々子育てや家事に奮闘されていて、心も体も疲れ切っています。毎日が必死です。もしかしたら、この現状から逃げ出したいと思う時もあるかもしれません。きっと、みなさんとの出会いにより、お母さんは子どもと向き合う勇気をもらうこともできるし、日々の子育てをがんばろうというエネルギーもわいてくるでしょう。

自閉スペクトラム症の子どもと家族との出会いと支援に携わった経験が、あなた自身の保育者としてのキャリア形成に影響を与えるものになると思います。これからも、保育者としての経験を積みながら、障害のある子どもの保育やインクルーシブ保育のあり方について探究を続けていただけたら幸いです。

支援の場③ ― 児童発達支援（児童福祉サービス）

障害のある子どもと家族の居場所

児童発達支援とは、発達の気になる子どもや障害のある子どもが、家庭から通う児童福祉施設のことです。児童発達支援センターと児童発達支援事業所があります。児童発達支援ガイドライン（※7）にある「児童発達支援の原則」では、児童発達支援の目標が以下のように説明されています。

○児童発達支援の目標

児童発達支援は、安全で安心して過ごすことができる居場所の提供により、こどもが充実した毎日を過ごし、望ましい未来を作り出し、生涯にわたるウェルビーイングを実現していく力の基礎を培うことが重要であることから、以下を目標として支援を提供していくことが必要である。

①アタッチメントの形成とこどもの育ちの充実

安定したアタッチメント（愛着）を形成していくことや、将来のこどもの発達・成長の姿を見通しながら、日常生活や社会生活を円滑にいとなめるよう、障害の状態や発達の状況、障害の特性等に応じ、様々な遊びや多様な体験活動の機会を提供することを通じて、こどもの自尊心や主体性を育てつつ、発達上のニーズに合わせて、こどもの育ちの充実を図ること。

②家族への支援を通じたこどもの暮らしや育ちの安定

こどもの家族の意向を受け止め、こどもと家族の安定した関係に配慮し、きょうだいを含めた家族をトータルに支援していくことを通じて、こどもの暮らしや育ちを支えること。

③こどもと地域のつながりの実現

こどもや家族の意向を踏まえながら、保育所、認定こども園、幼稚園等との併行利用や移行を推進していくとともに、地域との交流を図るなど、地域において全てのこどもが共に成長できるよう支援することを通じて、こどもと地域のつながりを作っていくこと。

④地域で安心して暮らすことができる基盤づくりの推進

こどもの育ちや家庭の生活の支援に関わる地域の関係機関や他の事業所等との連携を通じて、こどものライフステージや家庭の状況に応じて、切れ目のない一貫した支援を提供することにより、こどもと家族が包括的に支えられ、地域で安心して暮らすことができる基盤を作っていくこと。

ここで紹介した児童発達支援ガイドラインは、子ども家庭庁のホームページに開示してあります。児童発達支援には5領域（①健康・生活、②運動・感覚、③認知・行動、④言語・コミュニケーション、⑤人間関係・社会性）があり、その五つの領域の「育ち」を支えられるように、子どもの理解に基づいた発達支援のプランを立てるようになっています。「『児童発達支援ガイドライン』の概要」（※10）の内容から、児童発達支援の三つの柱を**図2-5**として整理しました。

児童発達支援の三つの柱

【発達支援（本人支援及び移行支援）】【家族支援】【地域支援】

○主な概要

【発達支援】

＜本人支援＞障害のある子どもの発達の側面から、「健康・生活」、「運動・感覚」、「認知・行動」、「言語・コミュニケーション」、「人間関係・社会性」の5領域において、将来、日常生活や社会生活を円滑に営めるようにすることを大きな目標として支援していきます。

＜移行支援＞障害の有無にかかわらず、全ての子どもが共に成長できるよう、可能な限り、地域の保育、教育などの支援を受けられるようにし、かつ同年代の子どもとの仲間作りを図っていくことができるようにします。

【家族支援】

家族が安心して子育てを行うことができるよう、さまざまな家族の負担を軽減していくための物理的および心理的支援などをしていきます。

【地域支援】

支援を利用する子どもが地域で適切な支援を受けられるよう、関係機関等と連携すること。また、地域の子育て支援力を高めるためのネットワークを構築すること。

図 2-5　児童発達支援の三つの柱

出典：厚生労働省（2024）を参考に筆者作成

児童発達支援では、一人ひとりの発達のニーズに合わせた支援を目指しています。早い子どもは2歳から利用をはじめ、3歳、4歳、5歳、6歳と、小学校入学前の子どもの支援を行っています。また、インターネットの書き込みや書籍などには、発達支援を意味する「療育」や「早期療育」といったことばが見受けられますが、現在は、「発達支援」ということばを使うようになりました。個人的には「療育」という表現でもよいと思います。

子どもと家族とのかかわりを通して成長する支援者

では、児童発達支援では、どんな人が支援をしてくれるのでしょうか。支援者の資格や専門性についてお伝えします。

児童発達支援に従事している人の資格はさまざまで、保育士、言語聴覚士、理学療法士、作業療法士、社会福祉士、介護福祉士、公認心理師などの国家資格を有している人、教員免許などの資格をもっていて児童指導員として働く人などがいます。支援者がもっている資格を基盤として、子どもの発達支援や家族支援を行うための専門性を身に付けることが必要となります。児童発達支援ガイドラインによると、保育、心理、社会福祉、教育、医療の知識など、幅広い知識や技術が必要とされていることがわかります。しかし、一人の支援者がすべての分野の専門性をもつことは難しいと考えられます。

私は大学教員という立場で、これまで児童発達支援に就職した卒業生たちを見てきました。就職してすぐ、まだ仕事に慣れない時期には、悩みや葛藤を抱えている人たちも少なくありませんでした。たとえば、社会福祉の勉強はしたけれど、保育士の資格をもっている人に比べると保育の知識や技術をもっていないことで、子どもにかかわるための専門性が劣っているのではないかと悩んだりすることもあるようです。このような卒業生たちとの対話から、支援者の指標となる児童発達支援の専門性を示すことや、どのように専門性を獲得していくのか、そのためにはどのような支援体制が必要なのかを明らかにするための研究に取り組みました。

児童発達支援に従事する支援者の専門性について、現場目線で整理したいと思い、約50人の支援者の声を聴いたうえで探究する研究に取り組みました（※11）。この研究により開発した「障害児支援者コンピテンシー」が**表2-2**です。

支援者へのインタビューでは、「仕事に就くきっかけや動機」「子どもや家族とのかかわりを通じて感じていること」について問いました。支援者らの声から、児童発達支援にかかわる仕事に取り組むことに対して、明らかな動機をもって、子どもと家族との出会いと具体的なかかわりを通して、自らの専門性を高めようとしていることがわかりました。

また、約６００人の支援者を対象としたアンケート調査では、経験年数によって分析を試みたところ、支援者として経験を積み重ねていくことで、確実に、児童発達支援に必要な「知識」や「技術」を習得していることも明らかになりました。

表 2-2　作成したコンピテンシーの 5 領域と概念

領域	概念
関心・意欲・態度	障害児の発達支援、家族支援、地域支援に関心や意欲をもち、支援にのぞむ態度。(24 項目)
社会人基礎力	社会人として基礎的な能力及びコミュニケーション力、ストレス対処能力。(33 項目)
知識	幼児期の発達支援、家族支援、地域支援の知識。子ども一人ひとりの障害の特性や発達に関する理解をもとにした支援を行うための知識。(27 項目)
技術	子ども本人の最善の利益を保障する支援を行うための技術。支援を行うためのアセスメントの技術、児童発達支援計画、評価を行うための技術、家族、他機関、関係機関と連携できる技術。(36 項目)
実践と省察	日々の実践を通して、子どもの理解、家族の理解を深める努力をし、よりよい支援を行うこと。記録を書くことやスタッフミーティングおよび研修などで自己の実践を振り返り、振り返った内容を実践に生かすこと。(22 項目)

出典：藤田 (2019) より引用、一部修正

子どもが児童発達支援を利用するにあたって、わが子を担当してくれるのがどんな人かということは、お母さんにとって大きな問題だと思います。児童発達支援という場には、経験が浅い人もベテランの人もいます。家族の中には、この支援者の資格は？経験は？と気になってしまう人もいることでしょう。大事な子どもを預けるのですから、心配になってしまうのも当然です。大学や短期大学を卒業したばかりの支援者もいますが、多くの人は有資格者なので、学生時代の専門的な学びと実習という体験的な学びも習得済みです。また、一人だけで子どもの支援を担うのではなく、多職種の専門家チームで取り組むので、安心してください。そして支援者も、子どもや家族とかかわる経験を蓄積して、成長していきます。

児童発達支援に勤務する初期キャリア（働きはじめて3年未満）の支援者を対象に、どのように専門性を獲得するかについて調べる以下の研究においても、経験を積むことであることがわかりました。

一つ目は、社会福祉士の資格をもっている支援者にインタビューをして、3年間でどのように専門性を獲得したのかについて調べました（※12）。

二つ目は、保育士の資格をもっている支援者を対象にした研究を行いました（※13）。この研究により、子どもや家族とかかわる経験を通して、確実にコンピテンシーを獲得していくことがわかりました。

ある保育士の資格をもった20代の支援者は、「子どもにかかわる経験」「家族にかかわる経験」「地域の支援機関とかかわる経験」の三つの経験を積み重ねることで、専門性を高めていました。また、三つの経験に加えて、「困難や葛藤を乗り越える経験」も専門性を高めていくことに深く関与していることがわかりました。さらに、「日々の実践を振り返る経験」が、支援者としての成長を促していることがわかりました。

初期キャリアにある支援者が抱える困難や葛藤は、子どもにもっとよい支援をしたいと思う一方で、子どもが本当はどのように過ごしたかったのか、あの時、何が言いたかったのかを理解できずに悩んでしまったり、自分の未熟さを痛感したりすることです。

子どもや家族との具体的なかかわりを通して、支援者も成長します。お母さん・家族は、家庭での子どもの様子や、子育てを通して感じている思いや願いを支援者に伝えていくことが大切だと思います。

支援者と家族が共に歩む

支援者は家族からの情報をしっかり整理し、子どもとの直接的なかかわりを通して、一人ひとりの子どもの発達の状態や特性に合った支援を考えていきます。そして、子どもにとってどんな支援が必要なのか、お母さん・家族と一緒に考えていきます。

「どんな遊びが好きなのかな」
「こんなことはできるかな？　難しいかな？」
「先生と一緒にやってみようね」

子どもは遊ぶことで成長していく存在です。まずは、どんな遊びや活動に興味があるのか、お母さん・家族に家庭で

の様子を尋ねたり、子どもと一緒に遊んだりして支援を考えます。

また、生活面においても丁寧に支援をしていきます。お母さん・家族が家庭で何に困っているのか、子どもにどんなことができるようになってほしいのかという悩みや願いを聴いたうえで、子どもの発達の状況に合わせた支援を考えます。

「着替えが一人でできるようになってほしい」
「歯磨きを嫌がるのでどうしたらいい？」
「食事が上手にできない」

子育てにおける、着替え、食事、起床や就寝、排泄、入浴や手洗いなど、お母さん・家族の悩みは盛りだくさんです。

これまでかかわってきた自閉スペクトラム症の子どもを育てるお母さんたちは、子どもの「生活面」での世話を毎日毎日、一生懸命されていました。ただでさえ大変な子どもの世

話に苦労、奮闘し、悩みも尽きません。対する子どもは、ことばが理解できなかったり、コミュニケーションが難しかったり、こだわりが強かったり……と、さまざまな特徴をもっています。しかし、支援者とつながることで、さまざまな子育ての知恵や工夫を獲得することが可能となります。

児童発達支援は、この「生活面」での自立（一人でできるようになること）を計画的にサポートしてくれる場でもあります。**表2-3**は、児童発達支援のある一日を示したものです。支援者（保育士や児童指導員など）は、子どもの状態をしっかり把握したうえで考え、支援をお母さん・家族に伝えます。

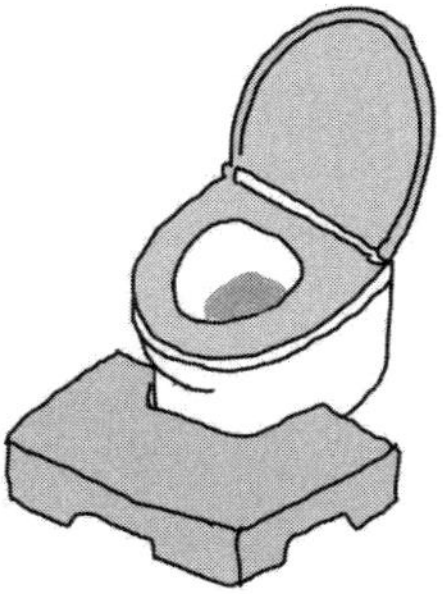

表 2-3　児童発達支援のある１日

時間	活動	内容
9時～ 9時半	来所 片付け 好きな遊び	先生とごあいさつ。かばんや水筒などの荷物を片づけてから好きな遊びをしたり、先生と一緒に遊んだりします。
9時半～ 10時半	朝のおあつまり	少人数のグループでおあつまりをします。 名前を呼んでもらったり、今日の予定を確認したりする時間です。歌や絵本の読み聞かせがある時もあります。
10時～ 10時半	設定遊び 個別活動	子どもの発達や状況に合わせて、小集団の設定遊びか個別活動をします。活動内容は、利用する子どもの興味・関心に合わせた楽しい活動（工作、クッキング、運動遊び、音楽遊び、プール、散歩など）が準備されます。個別の活動では、先生と一緒に好きな遊びをしたり、机についてお絵描きや型はめ遊びなど、子どもに合わせた活動をします。
10時半	手洗い おやつ 好きな遊び、 個別活動、 トイレなど	おやつの時間は、自分でおやつを選んだり、先生に「ちょうだい」と要求したりして、好きなおやつを食べる楽しい時間です。おやつを食べる前後は手洗いやトイレなど、個別の支援をします。おやつを食べたあとは、好きな遊びをしたり、先生や友達と一緒に活動したりします。
11時半～	昼食の準備 昼食 片付け、歯磨き	昼食を食べる準備（手洗いをしたり、ランチョンマットを出すなど）をして、ランチタイム(お弁当か給食)。片付けを先生と一緒にして、歯磨きをします。トイレに行ったりおむつを替えたりします。
12時半～	好きな遊び・ 個別活動	好きな遊びを選んで遊びます。一人で遊んだり、友達や先生と遊んだりと自由に過ごします。
13時	おあつまり ごあいさつ	小集団でおかえりの会をします。絵本や歌を歌ったりする場合もあります。 ※家族が事業所までお迎えにくる場合とバスで帰る場合があります。

※筆者がかかわっている児童発達支援の実践事例をもとに作成しています。
内容や時間帯は事業所によって異なります。

やがて、小さな一歩が積み重なって、お母さん・家族が子どもの成長した姿を見ることができた時は、「こんな日が来るとは思わなかった」と思えるほどの感動に包まれるでしょう。

「スプーンを使って一人で食べられるようになった」
「おしっこがトイレでできた」
「着替えが一人でできるようになった」

挙げたらきりがありません。特に、はじめてできた時の喜びは大きく、一生忘れられない瞬間になります。

「できたね」
「すごいね」

この瞬間に出会えた時、飛び上がりたいくらいハッピーな気持ちになります。さらに、「できたね」を支援者と分かち合うことで、ハッピーな気持ちは倍増するでしょう。

支援者と一緒に考えて、悩んで、日々を積み重ねてきたからこそ味わえる、特別な子育てならではの醍醐味だと思います。

児童発達支援は、このようなエピソードであふれているのです。

支援を受けることの意味

子どもの発達に課題があったり、障害の診断を受けたりすると、親御さんは、本当に育っているのだろうか、という疑念や心配を抱いてしまうかもしれません。

子どもが成長してから、お母さんに、児童発達支援に通いはじめた時の気持ちをあらためて尋ねると、以下のような答えが返ってきました。

「なぜ、ここに通わせなければいけないのかわからない」

「障害のある子どもの施設と思うと、気が進まなかった」

児童発達支援の門をくぐる時、気が重くなって、できれば通いたくないと思ってしまうお母さんもいます。

一方で、児童発達支援に通うことに、期待したという回答もありました。

「ここに通ったら『ことば』が出るようになるかもしれない」

「専門の施設に通うのだから、きっと成長する……」

お母さんは、不安と期待が入り混じったような気持ちになっていたことでしょう。

また、保健師や福祉の相談にかかわる支援者から、児童発達支援を紹介してもらい、いざ通うことになったときのお母さんの心には、さまざまな思いがめぐることでしょう。

ものすごく勇気が必要な「一歩」ですよね。

しかし、その「一歩」をふみ出すことが、子どもの世界をひろげることになるかもしれません。

心の中に抱えていた重いものをおろすことができるかもしれません。

本当に助けてくれる人と出会えるかもしれません。

あるお母さんのことばです。

「ここにくるようになった頃は本当につらくてつらくて、子どものことを可愛いと思えなかったし、そう思えなかった自分を責めたりしていました。でも、だんだん慣れて、先生たちが、子どもを可愛がってくれて、できたところをほめてくれて……。だんだん自分も元気になっていったのです」

児童発達支援は、子どものためだけではなく、お母さんも元気になれる場所なのだと思います。

利用しはじめた頃から、子どもがどんどん成長していく姿を、私は実際に見て知っています。

子どもって必ず成長するんです。これは、児童発達支援の運営にかかわっている立場から、自信をもって伝えられます。

「なぜ児童発達支援に通うの？」

「支援を受ける意味は？」

その意味は支援者とのつながりの中で、きっとみつけることができるはずです。

子育てに肯定的になれる場で育まれるもの

「児童発達支援」がどんな施設か、イメージをもっていただけたでしょうか。この場に対して私は特別な思いをもっているので、ここで私の経験を付け加えさせていただきます。

私が大学生の時、中学生の女の子の家庭教師をしていました。

その子の弟には「ダウン症」という障害がありました。

たしか彼が４歳くらいの時だったと思います。お母さんはよく弟に、「手遊び歌」や「わらべうた」を歌い聞かせることで、ふれあっていました。彼はことばを話すことができなかったけれど、笑顔でリズムにのって、お母さんとのふれあいを楽しんでいました。

私が一番大好きだったのは、「一本橋こちょこちょ」というわらべうたでした。親子で遊んでいる姿を見て感動したことを覚えています。

♪いっぽんばし、こちょこちょ
かいだんのぼって、こちょこちょ〜♪

なんて素敵で、あたたかい親子のかかわりなんだと、私の心もあたたかくなって、お母さんの笑顔が天使のように見えたくらいです。

お母さんは、「子どもとの遊び方とかかかわり方は、通園施設（現在は児童発達支援）で教えてもらっ

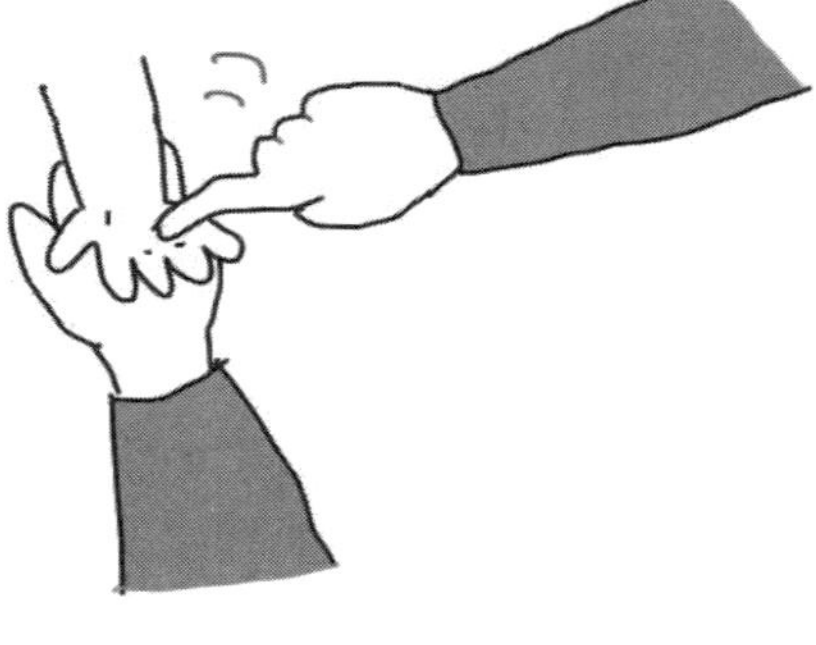

たのよ」と教えてくれました。通園施設がどんな支援をするのか知らなかった私は、お母さんにたくさん話を伺いました。

お母さんは、子どもが生まれてすぐ障害があることを告げられ、どうやって子育てしたらよいかという時にこの施設の門をくぐり、はじめての経験を積み重ねながら、たくさんのことを学んだと話してくれました。さらに、彼女は通園施設について、子どもの通う場所だったはずが、いつしか、自分自身の心の拠り所にもなっていたとも話してくれました。

「ここに通わなかったら一家心中もあったかも……」

その時は笑顔で打ち明けてくれましたが、そのことばは私の心に深く刻まれました。

数年後、小学校の教員として特別支援学級で、自閉スペクトラム症の子どもや知的障害の子どもたちの教育にかかわる経験をしました。その時にも、小学校に通う子どもたちのお母さんたちから、幼児期の子どもを育てる親にとって、通園施設にどんな意味があるのかをたくさん教えてもらいました。

その後、児童発達支援の支援者の専門性に関する研究を進め、支援者を対象とした研修のお手伝いをさせていただいてきました。

こうした経験を積む過程で、児童発達支援の大切さを何度も再考する機会に恵まれたことで、支援者仲間と一緒に、自閉スペクトラム症の子どもを対象とした児童発達支援を２０１４年に立ち上げました。商店街の中にある小さな場所ですが、可愛い子どもたちの発達支援に取り組んでいます。

大切にしていることは、一人ひとりの子どもの好きなことや強みに合わせて、「楽しい」「できた」という気持ちを大切にしつつ、発達支援に取り組むことです。そして、子どもを真ん中に、支援者と家族が連携しながら子育てをしていくという姿勢も大切にしています。乳幼児健康診断後の相談を通して保健師から紹介を受けた子ども、園で発達の遅れや心配があってつながった子どももいます。

近年、児童発達支援を利用する子どもが増加傾向にあると報告されています。児童発達支援は児童福祉サービスであり、発達の気になる段階から利用することができる仕組みになっています。Ｐａｒｔ１でもお伝えしたように、この時期はお母さんにとって不安や心配な気持ちが続き、つらい気持ちを抱えながら子育てをすることになると思います。そうした時期だからこそ、支援者はお母さんをはじめ、家族の支援に力を注がなければならないと思っているのです。

「心配な気持ち、不安な気持ちについて私たちでよければ、どうか吐き出してください。そして、一緒に子育てしませんか」

子どもの発達を心配に思ったり、インターネットで調べたりして、

「もしかしたら、障害があるの？」
「もしかして、発達障害？」
「間違いであってほしい」
「私は子どもにどう向き合えばいいの？」

このように、さまざまな気持ちが交錯して、頭も心も大混乱することになってしま

います。そんな時、誰かと一緒に考えることができたら……。支援者と一緒に、子どもに向き合ってみたら、きっと違う景色が見えてくるはずです。そして、実際に児童発達支援を利用するようになると、

「何か改善できるかもしれない」
「障害を克服できるかもしれない」

という期待を、お母さん・家族がもってくれるようになります。

そんなふうに思ってもらえるのはとてもうれしいことなのですが、子どものペースに合わせながら発達の支援をしていくことがもっとも重要なのです。丁寧にゆっくりと、そして大人（支援者も親も）は、大きな気持ちでかまえて子どもを見守りながら、必要に応じてサポートしたり、チャレンジさせたり……といったかかわりが大切なのです。

児童発達支援の支援者は子どもたちの発達を支えるために、環境を整え、お母さん

から子どもについてのさまざまな情報を教えてもらいます。そのうえで、支援者と子どもとの具体的なかかわりの中で、どのようなことができるのか、支援の方法を考えていきます。そこから、子どものペースに合わせて、ゆっくり、じっくりの支援がはじまるのです。

児童発達支援という専門機関に来たからといって、魔法をかけたように、すぐに何かができるようになることはないかもしれません。ですから、過度な期待はせずに、焦らずに、支援者と手をつなぎながら一緒に子育てをしていきましょう。

幼児期の自閉スペクトラム症の子どもを育てるお母さんが、しばしば心配していることに、「ことばの遅れ」「ことばが出ない」「話していることがわからないみたい」といった声が挙げられます。また、

「先生、ことばってわかるようになるんですか？　しゃべれるようになりますか？」

という質問をされることがあります。

そのようなお母さんたちの質問に対して、支援者は、「大丈夫です。しゃべれるようになります」とはっきり答えられないかもしれません。しかし、ことばがわかるようになってほしい、子どもとコミュニケーションをしたいというお母さんの気持ちをしっかり受け止めて、子どもとのコミュニケーション方法や、ことばの理解などを把握するために、一緒に遊んだり、遊びを見守ったり、さまざまな活動や支援に取り組みながら、子どもの発達の情報を整理していくことはできるはずです。

支援者はお母さんの一番の理解者になり、味方になりたいと思っています。児童発達支援に通うメリットは、そこには子どもの育ちを一緒に支えてくれる人がいる、手をつなぎながら育ててくれる人がいるということだと考えます。

まずは、はじめの一歩をふみ出してくださいね。それは子どものためだけではなく、あなた自身のためでもあるのです。

なぜなら、〈支援者との出会い〉はもちろんですが、同じような境遇の家族との出会いもあります。この出会いと具体的なかかわりを通して、たくさんの経験を積み重ねることができるでしょう。そして、この経験の蓄積の中で、子育て観や価値観が変容していくことに気づくことができるかもしれません。

その気づきは、これから子どもを育てていくうえでとても大切で、いつしか、子どもの「いま」の姿をまるごと受け容れ、子どもと共に生きる日々の中に楽しさや喜びを生み出すことになるでしょう。

支援者とのつながりの中で育てる

自閉スペクトラム症で6歳のゆうき君は、入園してから3年が経ち、もうすぐ小学生になるということで、児童発達支援を卒園することになりました。

利用をはじめた頃のゆうき君は、同年齢の子どもにも興味がなく、好きな遊びは一人でミニカーを走らせたり、一列に並べたりすることでした。それ以外は、まったく興味のない様子で、準備された活動に参加することも難しく、支援者が一対一で対応することの方が多かったそうです。

コミュニケーションがうまくできず、気に入らないことがあったり、自分の意志が通じない時は苦しそうに、大きな声を出したりすることもありました。朝や帰りの会も椅子に座ることはできず、歌にも絵本にも関心を示しませんでした。また、着替えや手洗い、排泄なども自分ですることができなかったので、お母さん・家族はとても心配していました。


しかし、児童発達支援でのさまざまな経験を通して、ゆうき君は3年間で、自分でできることが増えたのです。

朝のおあつまり、遊びの時間、トイレの時間、手洗い、おやつ、昼食など、ゆうき君にとって「いつものやつ」は3年間で、「もう慣れたやつ」になっていました。「好きな遊びの時間」には、自分の好きな鉄道のおもちゃで遊びたいと要求できるようになり、大きな声を出したり、意志が通らなくてパニックになったりすることもなくなりました。

支援者は3年間、ゆうき君への理解を深めながら、好きなこと、できることが増えるように一緒に取り組んできました。そして、ゆうき君の成長をお母さんに丁寧に伝えるようにしたそうです。

こうしてさまざまなことができるようになったゆうき君ですが、お母さんも驚いたのは、絵本を好きになったことでした。

絵本にはあまり興味のなかったゆうき君ですが、『はらぺこあおむし』（※14）『だるまさんシリーズ』（※15）など、大好きな絵本がたくさん増えました。先生に読み聞かせをしてもらうことも大好きで、自分から絵本を開いて、声を出して読んでいる姿も見られるようになりました。ゆうき君のお母さんは言います。

「3年前のことを思うと、大人が勝手に悩んだり、悲しんでいたりして、ゆうきに申し訳なかった」

お母さんは、ゆうき君が自閉スペクトラム症の診断を受けたあと、途方に暮れていました。しかし、児童発達支援の支援者とつながることで、彼女もまた支援者に支えられるという経験をし、子どもと共に前を向いて歩いていけるようになったのです。

児童発達支援の支援者は、幼児期の子どもを育てる家族の伴走者であり、水先案内人であると思います。支援者とのつながりの中で子どもを育てているという認識は、お母さんの心に余裕や安心感をもたらします。支援者との信頼関係を基盤としたかかわりの中で、子育ての知恵やアイデアもたくさん生まれてくるでしょう。

さらに、児童発達支援で知り合った、仲間（お母さん、お父さん、児童発達支援を利用している家族など）との出会いも宝物にしてくださいね。

筆者からのメッセージ　その③

児童発達支援の支援者へ

児童発達支援に勤務されているみなさんは、今、どんなお子さんの担当ですか？　そのご家族とのかかわりの中でどんなことを感じていらっしゃるでしょうか。

支援者のみなさんの声に耳を傾けると、家族支援の重要性を理解しているものの、家族への支援の難しさを感じていることがわかります。わが子の発達の遅れを指摘され、障害の診断を受けてまもないお母さん・家族は、大混乱の中にあります。児童発達支援と家庭とが二人三脚で子どもの発達を支えていくという理想はありますが、家族の気持ちがついていかなかったり、子どもへの理解が乏しかったりすることがあります。どんな言葉かけをすればよいのか、どのように子どもの理解を共有したらよいか、戸惑うこともあると思いますが、少し時間がかかると思うので、家族の気持ちをありのままに受け容れて、あたたかく粘り強く支援をしてくださいね。中には、子どもの障害を肯定的に受け容れて、ポジティブに見える家族がいるかもしれません。しかし、それは表面的な姿で、心の中はたくさんの不安を抱えている状態にあるかもしれません。児童発達支援の支援者は、家族の心理を理解する姿勢を保持しつつ、一人ひとりに合わせた支援を行ってほしいと思います。

「児童発達支援ガイドライン」にある「支援の三つの柱」の一つである「家族支援」。キャリアの短い支援者から「家族に教えてもらいながら、子どものことをより理解して、できることや楽しいと感じることを増やし、家族と共有して喜びを分かち合ったとき、本当にこの仕事に就いてよかったと心から思える」ということばを聞きました。みなさんもきっとこんな姿勢で、家族支援に臨んでいると想像しています。

児童発達支援に携わる支援者は、幼児期の子どもの家族の伴走者です。障害のある子どもが地域の中で、安心して過ごせる環境と育ちを支える支援をつくっていく存在。みなさんの専門性を発揮しながら、
家族を支えてくださいね。

支援者との関係づくりのために―家族への三つのお願い―

支援者との関係づくりのために家族ができることとして、私の経験からお願いしたいことが三つあります。

①子どもをまるごと理解してください

他の子どもと比べて、同じようになってほしいとか、追いついてほしいとか、絶対に思わないでいてほしいのです。

子どもは自分のペースで育っていきます。まずは、親としてそのペースを見守ってください。

あたたかいまなざしで見守ることで、子どもは安心して育つことができます。ですから、他の子どもと比べたり、焦ったりしないでくださいね。

②支援者との信頼関係をつくってください

児童発達支援に子どもを預ける前や、入園後にも、家族にはきっと心配なことがたくさんあるでしょう。

子どもも慣れない環境でがんばっていますが、支援者もがんばってくれています。「大丈夫かな?」「やはり園に入れるべきじゃなかったかな?」など、とても不安に思うこともあるかもしれません。また、園にはさまざまな事情があり、親が思うことや要望をすべて叶えることはできない場合もあります。

そんな時、もやもやした気持ちになるかもしれませんが、子どものことを一番に考えながら、支援者と連携していきましょう。たとえば、連絡帳のやりとりや保育者との対話を重ねることも大切です。

こうした時間を重ねることで、家族と支援者の信頼関係は構築されていきます。この信頼関係が、子どもの育ちに大きく影響していると考えています。

③幼児期の子どもの成長を心から楽しんでください

子どもは幼児期に、驚くほどさまざまなことができるようになります。

子どもにとって苦手なことや、難しいことはたくさんあると思います。しかし、他の子と比べることや心配し過ぎるのは、子どもにとってよくないことです。

少し時間はかかるかもしれませんが、信じる気持ち……というのでしょうか、できるようになる日を楽しみにして、毎日を送ってみてください。

子どもは周りの人に愛されて輝くようになる存在なのです。

親にとって子どもの成長はとてもいとおしく、かけがえのない時間になると思うのです。幼児期ならではの子どものキラキラした姿を、しっかり心に刻んでください。そして、成長の喜びは、支援者と共有してくださいね。

そのような時間を大切にしてほしいと心から思いますし、きっとそんな時間が、お母さんや家族、支援者、そして子どもにとってしあわせな時間になると信じています。

【引用・参考文献】

（※1）山口県立大学社会福祉学部障害児教育研究室編『発達障害のある子どもを育てるあなたへ―家族、支援者、ボランティアとともに―』山口県立大学社会福祉学部障害児教育研究室発行、2008年

（※2）藤田久美「第5章　発達障害と家族支援」斎藤美麿他『発達障害の理解と支援』ふくろう出版、2009年

（※3）「発達が気になる子どもと家族への超早期支援プログラムの実証的研究―親子への個別支援の提案と支援者の専門性の構築に向けて―」『公益財団法人研究助成報告パンフレット』山口県立大学社会福祉学部障害児教育研究室発行、2021年

（※4）藤田久美・永瀬開「障害児保育実践の質向上を目指したコンピテンシーモデルの提案と尺度の作成」『教育文化研究』第13号、2013年

（※5）藤田久美「第5章　家庭との連携」若月芳浩・宇田川久美子編著『障害児保育』（新しい保育講座⑭）ミネルヴァ書房、2021年

（※6）吉田友子『高機能自閉症・アスペルガー症候群「その子らしさ」を生かす子育て　改訂版』中央法規、2022年

（※7）子ども家庭庁「児童発達支援ガイドライン（令和6年7月）」〈https://www.cfa.go.jp/assets/contents/node/basic_page/field_ref_resources/253aba4f-3ce0-4aa1-a777-3d42440f1ca2/6b53e02b/20240712_policies_shougaijishien_shisaku_hoshukaitei_117.pdf〉

（※8）厚生労働省「『児童発達支援ガイドライン』の概要」〈https://www.mhlw.go.jp/file/06-Seisakujouhou-12200000-Shakaiengokyokushougaihokenfukushibu/0000171638.pdf〉

（※9）津守真『保育者の地平　私的体験から普遍に向けて』ミネルヴァ書房、1997年
（※10）津守真「第1章　障害児保育とは」大場幸夫・芝崎正行編『障害児保育』（新・保育講座⑮）ミネルヴァ書房、2001年
（※11）藤田久美「幼児期の障害児通所支援に携わる支援者の専門性向上のためのコンピテンシーモデルの検討」『山口県立大学学術情報』2019年
（※12）藤田久美・永瀬開「初期キャリアにある障害児支援者の専門性の獲得過程」『山口県立大学学術情報』14、9～22頁、2021年
（※13）藤田久美「児童発達支援センターに勤務する初期キャリア保育士の専門性の獲得―障害児支援者コンピテンシーとの関連に着目して―」NPO法人子どもの生活科学研究所編『子ども学研究論集』第3号、2023年
（※14）もりひさし翻訳、エリック＝カール『はらぺこあおむし』偕成社、1976年
（※15）かがくいひろし『だるまさん』シリーズ、ブロンズ新社、2009年

Part 3

子育てで大切にしてほしいこと

人は子どもが生まれ、育てながら、親になっていくといわれています。
子どもと共に送る生活には、大変なことがたくさんあるでしょう。
でも、うれしいことや、しあわせな時間もたくさんあるはずです。
子どもが幼い時にしか味わえないしあわせを、たくさん知ってほしいと思います。
ここでお伝えするいくつかのメッセージの中で、
一つでも子育てのヒントをみつけていただければ幸いです。

✽Part3に入る前に

子どもが幼い頃の子育ては、日々の生活をいとなむだけでも、親にとっては大変なことです。そんな日々を、毎日休まずにこなしているお母さんは、本当にがんばっていると思います。しかし、そのことについて「今日もがんばっているね」とか、「ごはんを作ってえらかったね」などと誰かからほめてもらったり、ねぎらってもらったりすることは、あまりないのではないでしょうか。

これまでにかかわってきた、たくさんのお母さんたちを思い浮かべています。

子どもや家族のために、自分のことはあと回しにして、お母さんが懸命に日々を過ごしている姿、子どもについての悩みや不安が尽きることのない中で、目の前のわが子と向き合っている彼女たちの姿が思い浮かびます。お母さんたちは想像を絶するほど大変で、中でも、子育て中の仕事は本当にたくさんあるのです。

お母さんたちから学んだこと、彼女たちが抱えていた悩みや心配ごと、質問などを思い出しながら、子育てで大切にしてほしいこととして、子どもへのかかわり方や子育ての工夫などをお伝えしていきます。また、私が取り組んできた研究から見えてきたことや、保育学や発達心理学といった専門分野からの知見も交えて綴っていきたいと思います。こうした情報を通じて日々、お母さんが子育てを通してあたりまえにやっていることが、実は大きな意味をもっていることを知っていただければ幸いです。

お母さんをはじめとする家族は、子どもの成長に深く影響を与える大切な役割を果たしていますが、そのことに気づかないまま、子育てをされている人が多いようです。家庭内で繰り返されている日常的ないとなみが、実は非常に重要なものばかりなのです。普通であたりまえのように思えることが、幼児期の子どもの発達において、大切な役割を果たしています。

子育ては日々忙しく、子どもの成長への不安や周囲の理解が得られないことに悩むこともあるでしょう。そんな中で、どんな心構えで日々を過ごしていけばよいのでしょうか。Ｐａｒｔ３では家庭内における子育てで大切にしてほしいことについて、一緒に考えていきましょう。

✿ 幼児期の子育てで大切にしてほしいこと―子どもへのまなざし―

お母さんをはじめとする家族にお伝えしたいことの一つに、「子どもにどんなまなざしを向けながら子育てをするのか」ということがあります。

心配なことや悩みの尽きない日々。眉間にしわを寄せて考え続けたり、インターネットでさまざまな情報を調べたりして、つい下を向いてしまうこともあります。

他の子どもと比べたり、楽しそうに充実した子育てをしているように見える他のお母さんに嫉妬したり……。人間は時に、他人のことがうらやましくなってしまうものです。マイナスな感情と向き合うことも増え、自分が嫌になってしまうこともあるでしょう。

しかし、子どもは違います。

子どもは、天真爛漫に「いま」を生きています。

純粋に、キラキラと今を……。

そして、そのキラキラとした時間を大人に見守られ、支えられながら成長する存在なのです。

すべての子どもたちは権利をもっています。このことは、国際的な条約「子どもの権利条約」に明記されていて、私たち大人は責任をもって子どもにかかわっていかなければなりません。

子どもの権利条約は、子どもが大人に愛され、守られ、育っていく権利です。条約の基本的な考え方は図3-1のように、四つにまとめることができます。この〈4つの原則〉は、子どもを育てるうえで、そして支援者と共に子どものことを考える際に、大切にしてほしい考え方です。

特に「子どもの意見の尊重」に関して、幼い子どもは自分の意見をことばで表せないことが多いと考えられるので、大人が子どもの思いや気持ちに寄り添いながら、丁寧にかかわることが必要になります。表情やしぐさを見逃さず、子どもの「思い」や「願い」に耳を傾ける姿勢が重要です。

これはとても大切なことですが、同時に難しいことでもあります。今後も家族や支援者と一緒に考えていきたいテーマなので、まずはできることからはじめていきましょう。

子どもの権利条約＜４つの原則＞

○差別の禁止（差別のないこと）
　すべての子どもは、子ども自身や親の人種や国籍、性、意見、障がい、経済状況などどんな理由でも差別されず、条約の定めるすべての権利が保障されます。

○子どもの最善の利益（子どもにとって最もよいこと）
　子どもに関することが決められ、行われる時は、「その子どもにとって最もよいことは何か」を第一に考えます。

○生命、生存及び発達に対する権利（命を守られ成長できること）
　すべての子どもの命が守られ、もって生まれた能力を十分に伸ばして成長できるよう、医療、教育、生活への支援などを受けることが保障されます。

○子どもの意見の尊重（子どもが意味のある参加ができること）
　子どもは自分に関係のある事柄について自由に意見を表すことができ、おとなはその意見を子どもの発達に応じて十分に考慮します。

図 3-1　子どもの権利条約＜４つの原則＞

出典：日本ユニセフ協会ホームページ〈https://www.unicef.or.jp/crc/〉をもとに筆者作成

子育ての中で、どんなことができるでしょうか。

子どもの権利を守る大人のまなざしとは、どんなものなのでしょうか。

それは、そばにいる大人が子どもの思いや気持ちに寄り添い、丁寧にかかわりながら、心の声を聴き、表情を見ることなのではないでしょうか。または、子どもの「思い」や「願い」に耳を傾けて、大人（家族・支援者）がみつめる姿勢のことでしょうか。それとも、子どもの「いま」に寄り添って、あたたかい心で見守るまなざしのことでしょうか。


「大好きだよ」

「可愛いね」

「楽しいんだね」

「よかったね」


そんな大人たちの心の声が聞こえてきそうです。

Ｐａｒｔ２で紹介しました、園を利用しているかずき君のお母さんのことばを思い出してみてください。

「かずきらしいね」

ありのままの自分でいることができて、愛されている、守られていると感じられることで、子どもは安心して遊び、成長していくのです。子どもの「いま」に寄り添う、曇りのない、大人のあたたかいまなざしが必要です。

子どもの毎日をキラキラな日々にするために大切な、一番近くにいるお母さんやお父さんのあたたかいまなざし。子育ての悩みが尽きなくて、そんなまなざしにならないこともたくさんあると思います。しかし、あるお母さんは、信頼できる支援者と出会って、子どもへのまなざしが少し変化したそうです。あるお母さんのことばです。

「この子のできないことばかりに目を向けるのではなく、今できていることをみつめたい」

自閉スペクトラム症の診断を受けた直後は心が重くなり、どうしてもネガティブなまなざしになりがちです。そんな時は、信頼できる支援者に気持ちを吐き出し、少しずつ心を軽くしていってほしいと思います。

この本を通してお伝えしたいのは、「ありのままのわが子を受け容《い》れる心」をもっていてほしいということです。今は難しくても、いつかそんな心をもてる時が訪れるはずです。そして、お母さん・家族という子どもの身近な大人が笑顔になれば、子どもの可愛いところがさらに見えてくるでしょう。

お母さん・家族からまるごと愛される子どもは必ず成長します。そして、その子は、お母さん・家族にもたくさんのしあわせをもたらしてくれるでしょう。

✻ 子どもは必ず成長する存在

幼児期の子どもは発達の可能性に満ちあふれています。

「子どもは必ず成長する」「成長する存在」という視点は、発達心理学についての多くの研究者によって唱えられています。これは、私がこれまで出会ってきた子どもたちとのかかわりや、一人ひとりの成長に出会ってきた経験から、自信をもって言えることです。

クリニックで個別療育にかかわっていた時、自閉スペクトラム症と診断された子どもと週一回かかわってきた記録（※1、※2、※3、※4）などをもとにお伝えしていきます。

はじめて出会った時は、2歳8か月だったまりこちゃん。大きなまんまるの目がチャームポイントの女の子でした。

まりこちゃんにはことばの遅れや多動など、心配なことがたくさんあり、2歳6か月で自閉スペクトラム症（当時の診断名は「小児自閉症」）の診断を受け、私は彼女が小学校に入学するまで、週一回のペースで支援にかかわりました。

視線が合わず、ことばも発しなかったまりこちゃん。お母さんは、心配やら悲しいやらで、涙、涙の日々でした。そんな日々の中でも、週一回、お母さんは必ずクリニックにまりこちゃんを連れてきてくれました。まりこちゃんへのかかわりについて、一緒にたくさん対話を重ねることで、少しずつ前を向いて歩き出したお母さん。やがて、お母さんに笑顔が見られるようになりました。

まりこちゃんは、3歳、4歳……と、めざましい成長を遂げました。

一人で自由に動き回るのが大好きで、お母さんにだっこされることを嫌がっていたまりこちゃんは、お母さんに甘えるようになったり、お母さんとやりとりする遊び（たとえば、「一本橋こちょこちょ」など）を、「まだやって」と要求できるようになりました。わかることば（理解言語）や言えることば（発語）も少しずつ増え、型はめパズルやブロックなどで、上手に遊ぶこともできるようになりました。

家では「お手伝い」もできるようになりました。

まりこちゃんがお母さんのまねをして、さまざまなことにチャレンジするようになり、お母さんもそのことがうれしくて、お手伝いも粘り強く教えていたようです。

洗濯物を干したり、畳んだり、食器棚の食器を直してくれたり、ごみを拾ってくれたり、お父さんの散らかしたものを元の位置に戻してくれたりもします。

テレビのリモコンもいつもの位置に。食器もきれいに重ねるのが大好き。箸、スプーン、フォークなど、種類ごとに分けて、とてもきれいに片づけてくれるのです。

まりこちゃんはとてもきれい好きなのか、いつもの場

所にものがあることが心地よいのか、いつしか家の整理整頓には欠かせない存在になっていきました。

やがて、お母さんが「お父さんにリモコン持っていって」とお願いしたら、リモコンを持っていってくれるようになったのです。

お母さんは、まりこちゃんが大人のことばを理解して行動に移せたことが、本当にうれしくて、「まりこ、すごい、すごーい」とはずむ声で、飛び上がらんばかりに大喜びしたそうです。

「ことばが出ない」「お話しができない」と泣いていたまりこちゃんのお母さんの表情は一転して、子どもの小さな成長を喜んでいる様子が見受けられるようになりました。最近、いろんなことばがわかるようになってうれしいと言いながら、まりこちゃんの家でのエピソードをたくさん話してくれました。

その後、まりこちゃんのことばの発達はぐんぐん伸びて、小学校に入る前には、ちょっとした会話が成り立つまでになりました。

さらに、まりこちゃんに、とても得意なことがみつかりました。

それは、「色鉛筆で絵を描くこと」です。

この活動は、まりこちゃんが大人になっても彼女の得意なことで、趣味にもなっています。そして、まりこちゃんの絵をたくさんの人がほめてくれたり、まりこちゃんが絵をプレゼントしたりしているのです。他者とコミュニケーションを図る姿は、２歳の頃のまりこちゃんからは想像もつかないことでした。

このようなエピソードは他にも、たくさんあります。かかわったすべての子どもの成長過程をお母さんと共有することができて、私も本当にうれしかったし、何よりも、お母さんの笑顔が素敵で、わが子の成長を心から喜んでいる姿を見て、私はいつもこう思っていました。

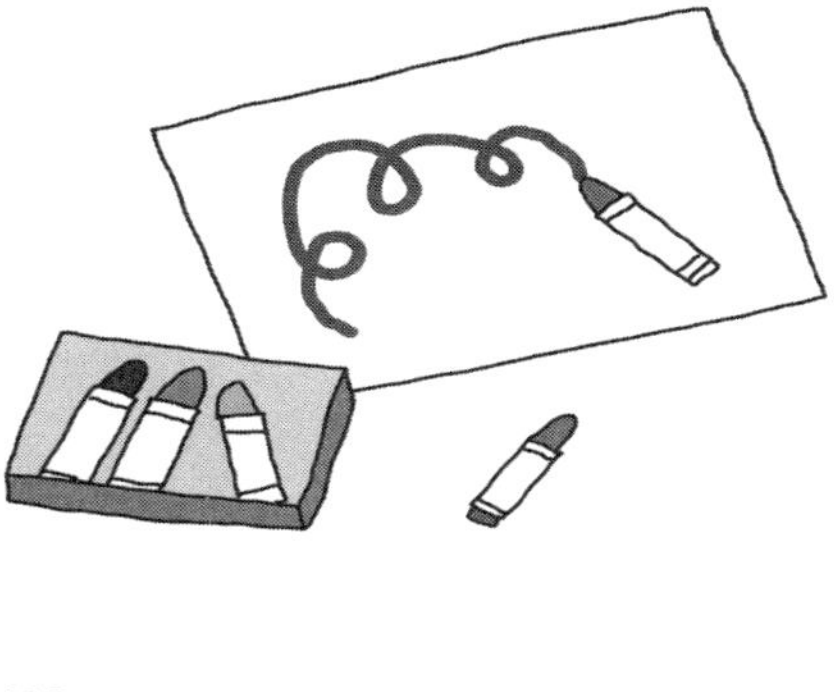

お母さんが、毎日、子どもに向き合ってがんばっているから。
それは、お母さんの子育ての成果です。

幼児期の子どもの成長には驚きがあり、喜びがあります。その成長を支えるのが、お母さんをはじめとした家族のまなざしなのです。なんてあたたかくて、優しいのでしょう。幼児期の子どもの可能性が伸びていくのは、このような大人たちの存在があるからだと思います。

子どもは必ず成長する存在であると信じながら、優しくあたたかいまなざしを子どもに向けることを大切にしてください。

✼ 子どもの遊びと遊びへのつきあい方

幼児期の子どもはたくさん遊ぶ経験をします。

家にあるおもちゃはもちろん、おもちゃではなくても、興味をもったもので夢中になって遊びます。公園に行くとブランコやすべり台などの遊具があり、家の中では経験できない遊びを楽しむこともできます。

これはまだ難しいかなと思う遊び、まだ経験したことがなくて戸惑うけれど、チャレンジしてみたらできた遊びなど、挙げたらきりがありません。

また、子どもによって好きな遊びもあるし、嫌いな遊びもあって、その子の年齢や興味・関心によっても違いが出てくると思われます。

あなたの子どもはどんな遊びが好きですか？　発達の観点から解説します。

「遊び」は、情緒の安定、想像力の育成、社会性の発達、認知（わかること）の発達、運動の発達など、子どもの発達に必要な活動と捉えられています。

『新版・保育用語辞典』（※1）の項目「遊び」から一部を紹介します。

子どもの仕事は遊びであるといわれるが、子どもにとっての遊びは、興味関心から始まる自発的で自由な活動、それ自体が喜びや楽しさを伴う活動であり、生産性が求められる仕事に対比される。（中略）子どもにとっての遊びは、乳幼児期の生活にふさわしい多様な生活経験を通して心身の調和のとれた発達を促す活動であり……

遊びは子どもの生活の中で、なくてはならないものなのです。子どもたちは遊びの中で、さまざまな経験を積み重ねます。

わくわくどきどきと心が動く経験
できること、わかることが増えていく経験

ちょっと失敗したけれど、再チャレンジをして成功する経験
一人でじっくり遊ぶ経験
大人と一緒に遊ぶ経験

たくさんの経験の積み重ねの中で、子どもは達成感を味わうことができるのです。
そして、「自己肯定感」が育っていくのです。自己肯定感には、ありのままの自分を愛せること、自分が価値のある存在であると感じることができるという意味があります。

幼児期は、まださまざまな発達が未分化なので、大人からの支えや、あたたかいまなざしを注いでもらうことが必要です。このような環境の中で、子どもは安心して、育つ力を発揮するのです。

では、家庭の中で、お母さんや家族が子どもに向けるあたたかいまなざしとは具体的に、どのようなものなのでしょうか。また、どんなかかわりを心がけたらよいのでしょうか。

✤ 家庭の中でできること、知っておいてほしいこと

①子どもの好きな遊び・活動を尊重する

クリニックで自閉スペクトラム症の子どもの発達支援にかかわっていた時、子どもたちが思い思いに遊び、目をキラキラさせている姿を見てきました。

自閉スペクトラム症の子どもたちの遊びを見守っていた時、こんなことを感じていました。


「どうしてこの遊びは面白いのかな」

「一つの遊びでずっと遊んでいて、すごい集中力だな」

「こうした遊び方ってあるのかな。○○ちゃん風の遊び方なのかな」

「○○ちゃんにとって、この遊びは心の安定につながるのだろうな」

しかし、お母さんたちからは、ちょっとネガティブに思えることばを使って、わが子の「心配」なことを打ち明けられることがありました。

「こだわりが強い」
「興味の幅が狭いのは、やっぱり自閉スペクトラム症だから？」
「一人でずっと遊んでいるけど大丈夫なの？」

お母さんからこのような見方をされていたら、一生懸命に遊んでいる子どもたちは、

「僕はね、一生懸命遊んでるんだよ。楽しいんだよ。だから、そんな見方をしないで」

と、悲しい気持ちになってしまうかもしれません。

好きなことがあるのは、とても素敵なことです。ですから、子どもが〈大好き〉と思える遊びがあること

を、すばらしいことだと思ってくださいね。

子どもの好きなことや遊びを尊重するまなざしを向けてください。

②子どもの見ている世界に寄り添ってみる

夢中になって遊ぶ子どもの目を見てください。

子どものキラキラした目は、大人にはもうまねすることもできません。

○（まる）、△（さんかく）、□（しかく）の〝かたち〟が大好きな3歳のこうき君。

こうき君は、型はめパズルや積み木など、かたちのあるおもちゃを手に取って、

「まるー、さんかくー、しかくー」

と自信たっぷりに紹介してくれます。かたちを手で持ってかざしてみたり、床に並べてみたり……。

私はそばで見守りながら、ちょっとだけ声をかけると、こうき君は無視するのです。

聞こえないふりをしているのかと思うくらい……。そして、「一緒に並べてもいいかなー」と話しかけながら介入しようとすると、背を向けられてしまうこともありました。
家庭でもこのような遊びをしているそうで、お母さんからはこんな話を伺いました。

「かたちの名前は言えるのに、お話ができないのは悲しい」
「自分の世界に入ってコミュニケーションがとれない」
「このままやらせ続けてていいのですか」

しかし、こうき君のキラキラした目の輝きを見ていると、とても遊びに夢中になっていて、きっとすごくかたちが好きなんだということは理解できます。

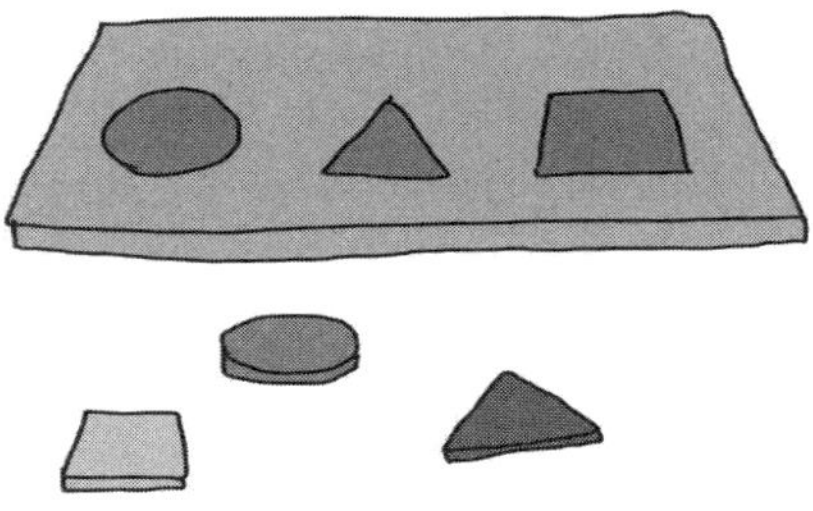

興味を抱くのはすばらしいことです。それならば、好きなことでたくさん遊ぼうということで、今度は三つの形以外の別のかたちを準備しました。

長方形とだ円と星形

袋の中にさまざまなかたちを入れて、そこから取り出すと、こうき君は目を輝かせてくれました。その後、彼はたくさんのかたちの名前を覚え、ことばで言えるようになりました。

さらに、かたちを紙に描くこともできるようになり、かたちを組み合わせてさまざまなかたちを作り、楽しむという遊びにもひろがっていきました。こうき君の好きなことを尊重することで、そこからできることがどんどん増えていったのです。

その後、お母さんが心配していた「もっとお話しできるように」「コミュニケーションをとりたい」などの願いも、どんどん実現していきました。

遊びの世界の中で、自分らしく遊べることも素敵なことなのです。その世界を尊重してくれる大人がいたら、もっと素敵です。

子どもの遊びの世界に寄り添う時間を、少しでもよいのでつくるようにしてみてくださいね。

③子どもの遊びを見守りつつ、応答的にかかわること

次に、子どもの遊びの見守り方・つきあい方について学びましょう。

お母さん・家族から、子どもの遊びのつきあい方について、質問を受けることがあります。

「この子は車のおもちゃや小さなブロックなどを、一列に並べるという遊びをいつもしているのですが、私（お母さん）が、その遊びに入ろうとすることが嫌みたいなんです。

これってこだわりが強いからですか？　夢中になっているんですが、このまま続けさせていいのですか？　もっと他の遊びを教えた方がよいですか？」

お母さんが心配される気持ちはよくわかります。しかし、子どもは並べるのに夢中になっていて、そして一人で遊ぶことを楽しんでいるのです。ですから、大人の介入は必要なかったのです。

自閉スペクトラム症の子どもたちの様子を見ていると、よくこのようなことが見受けられます。子どもと一緒に遊ぼうとすると逃げてしまったり、声をかけても聞いてないような様子だったり。お母さんはちょっと寂しい気持ちになってしまいますよね。

そんな時は、見守るということが大切で、大人のまなざしはこんな感じです。

「そばで見守っているよ」

「目がキラキラしてとても可愛いね」
「並べるのが好きなんだね」

声はあまり発さずに、心の中で声にして、一人で遊んでいるわが子を見守ってください。もし、子どもが、そばにいるお母さんの手を取って何かしてほしいと要求し、ことばやしぐさで何か言いたいことがありそうな時は、しっかり応えてください。

このような支援の方法を、保育学では「応答的環境」と呼んでいます。自分の遊びを尊重してくれる大人（お母さん）がそばにいて、遊びを見守り、困ったことがあればサポートし、子どもが何かを言いたそうにしていたら「何かな？」とすぐに答えて助けるというイメージです。この対応は子どもの中に、「大人を信頼する」という感情を育てると考えられます。

ことばがまだうまく話せない子どもも、表現することはできるので、その時は見逃さないで、「よーし、私の出番かなー」と要求に応えられるようにしましょう。このように、子どもにかかわることのできる時間を、ぜひ確保してほしいと思います。

④子どもの遊びにつきあうための工夫をすること

子どもの遊びにつきあうためには、少し生活を工夫して、時間をつくる必要があるかもしれません。そのためには、夫（お父さん）や、祖父母、友人、ボランティアなど、助けてくれる存在が必要不可欠です。

お母さんにはたくさんの家事があり、家庭では何か用事をしながら子どもが危なくないように見守ることも多いと思います。きょうだいがいる場合は、もっと大変です。下の子がいたらその世話、上の子がいたら世話だけではなく、宿題を見ることや学校や幼稚園の準備もあります。行事が続いたら、大忙しです。

ですから、無理はしないで、少しでもよいから、子どもの遊びにつきあう時間をとることを意識することからはじめてみてください。

あるお母さんからは、子育てひろばにきょうだいである下の子（自閉スペクトラム症）を連れていって、その子をスタッフにみてもらい、自分は上の子と一対一でしっかり向き合って遊ぶ時間をとっていることを教えてもらいました。

また、外遊びが好きな子どものお母さんは、日焼けをするのが嫌だから、外遊びはお父さんの役目ということで、夫と役割を分担していますと笑顔で話していました。家でさまざまな子どもの遊びにつきあうのが苦手そうな夫は、「外遊びは僕の出番」ということで、がんばってくれているようです。

5歳のまこと君は外に出ないと、走り回ったり、登ってはいけないところに上がったりと、家で大変なことになるということで、お母さんが毎日、外遊びにつきあっていました。暑い日も雨の日も、雪の日も、時には嵐のような日にも、まこと君が原っぱへ散歩に出かけることが大好きだったので、つきあっていると話してくれました。

「この子の好きなことにつきあうには、盆も正月もありません」と語っていたお母さん。疲れる

時もあるし、時々、面倒になることもあるし、この生活がいつまで続くのかと思って、途方に暮れたこともあったそうです。それなのに、なぜつきあうことができたのか……。

狭い家にわが子と二人きりでいると、彼の行動を目にするだけでいらいらしたり、心配になったり、子育てそのものが嫌になることもあるというお母さん。

でも、外に出るとまこと君は、生き生きした表情になって、その顔を見てとても可愛いと思えたそうなのです。それからは外に出て、彼の笑顔を見ることで、自分自身の心を調整できるようになったと教えてくれました。

お母さん、本当によくがんばっています。

でも、がんばり過ぎはよくないので、少しアドバイスさせていただきました。

「家族の手を借りましょう」

その後、家族に思いを伝えると、家族もその思いを理解してくれて、お父さんとおじいさんが助けてくれるようになったそうです。

〝チーム〇〇（子どもの名前）君〟でもあり、〝チームお母さん（お母さんの名前でもOK）〟ですね。

お母さんたちは子育てを通して、さまざまな知恵をしぼり出していて、それはすばらしいことです。しかし、一人だけでがんばることはもってのほかです。たくさんの味方をつくってください。

お母さん一人で大変な時は、お父さんやおじいさん、おばあさんなど、家族のメンバーにも助けてもらうことが大事で、それこそ、家族の工夫といえるでしょう。こうした支えを、ソーシャルサポートと呼んでいます。この関連の研究において、お母さんの周りにいる助けてくれる人は、多ければ多いほど、子育てのストレスを軽減してくれることがわかっています。

子どもの遊びにつきあうことは、「楽しい」だけではなく、「大変だな」「つらいな」と思う時もあると思います。しかし、あとになって考えると、子どもの遊びにつきあっていた時間が、かけがえのないものだと気づくことになるでしょう。

子どもだけを見る時間。
子どもと一緒にいる時間。

少しでもよいので、そんな時間をつくるようにしてみてください。そうした意識をもってもらえるだけでも、私はうれしく思います。

子どもと一緒にいられるかけがえのない時間。
幼児期だから味わえる大切な空間。

そんな時は、いとおしいな、可愛いな、不思議だな、何を考えながら遊んでいるのかな……など、できるだけ肯定的なまなざしで、子どものそばにいてください。
そこから見えてくるものが、お母さんの心を豊かにしてくれて、きっとしあわせな気持ちにもしてくれるはずです。

✤ 幼児期に経験してほしい遊びについて

みなさんは、子どもの頃、どんな遊びをしていましたか。現代の子どもたちは、昔ながらの遊びを十分に楽しむ機会が少なくなったかもしれません。また、お母さんたちも、知らない遊びがあることでしょう。こうした遊びが、子どもの情緒の安定やコミュニケーション、社会性の育ちによい影響を与えることは知られていて、書籍などでもたくさん紹介されています。

ここでは、私がクリニックでかかわっていた子どもたちとの関係づくりや、遊びの方法などをまとめた論文や学会発表（※1、※2、※3、※4）をもとに、子育てにぜひ導入してほしい遊びを紹介していきます。保育学や発達心理学などの専門的な用語も用いていきますが「これは自宅でもやっている遊びだ」とか「この遊びにはこんな意味があったんだ」という気づきが生まれてくると思います。

こういった発達の理論を知ることで、自分の子育てに自信をもったり、新たな気づきが得られたりするかもしれません。

①「二項関係」の遊び・かかわり

子育ての中で、子どもをあやすことや、子どもと大人がふれあいながら遊ぶことがあります。このかかわりは、親子の絆を深め、子どもの情緒の安定、人への信頼感を育てます。ここでは「子ども―大人」の「二項関係」（図3-2）の遊びやかかわりを紹介します。

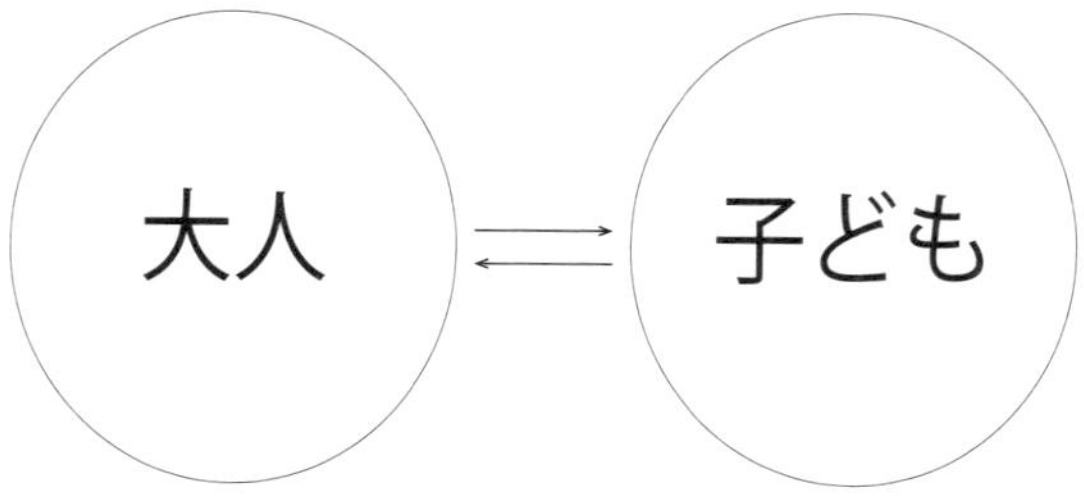

図 3-2　二項関係

◎一対一のふれあい遊び

だっこが大好きな子もいるし、あまり好きではない子もいるでしょう。だっこにもいろいろありますね。

ぎゅーっと抱きしめるだっこ
可愛いねって愛情を込めただっこ
なぐさめるだっこ

前述のまりこちゃんのお母さんは、まりこちゃんに障害の診断があった頃、彼女が人への関心を示さず、だっこも嫌がるので、なんだか可愛くない……と思ってしまうことがあり、そう思う自分が嫌だったと話してくれました。

しかし、その一年後くらいからでしょうか。まりこちゃんは、いつも身近で助けてくれて、かわいがってくれるお母さんの存在を認識し、だんだんお母さんに甘えるようになったのです。そして、まりこちゃんはだっこが大好きになり、頻繁にだっこをせがむようになったそうです。人に関心を示してこなかったまりこちゃんの行動の変化は、とてもうれしかったのですが、今度はちょっとうっとうしいくらいで……とお母さんは苦笑いしながら話してくれました。だっこのできる時期はとても短いのです。

少々難しい話になるかもしれませんが、だっこのような肌と肌のふれあいは、「セロトニン」というホルモンの分泌を促します。セロトニンは脳内でつくられる化学物質で、気分を安定させる役割があることから「しあわせホルモン」とも呼ばれています。

「大好きだよ」
「大丈夫、守ってあげるよ」

〝だっこタイム〟でしあわせな時間、大事にしてくださいね。

◎高い、高い……低い、低い
子どもの両脇を大人が手で抱え、ゆっくり子どもの体を高く上げたり、低く下げたりする遊び。

◎ぎっこんばっこん
子どもと大人が向かい合って座り、手をつないで歌を歌いながら、ゆっくり船をこぐようにして体を動かす遊び。

◎ぐるぐるー
子どもの脇や手を大人が持ったり、だっこしたりして、ぐるぐるとゆっくり回転させる遊び。

◎飛行機発信～着陸
大人が子どもの体を抱えて、航空会社の名前を言いながら、空中を飛んでいるような感じで静かに歩きます。終わる時は、「着陸ー」と言ってから、子どもを下に優しく降ろします。

クリニックでも、子どもとのふれあい遊びに取り組んでいたのですが、子どもそれぞれに好きなものがあるので、対応もさまざまでした。

ちょっと大変なのが、楽しくなってきた子どもから、「またやって」と要求をされることです。何度も要求されると、「終わりがないのでは？」と思うかもしれません。しかし、このようなひとときが子どもにとって、人と一緒に遊ぶことは楽しいという経験になるのです。要求も上手にできるようになって、コミュニケーション能力も形成されるでしょう。

子どもがわくわくした顔で、「もう一回やってよ」といわんばかりの表情をしてくれると、大人もうれしくて笑顔になります。体力や気力も必要なので、お父さんが協力したり、時にはおじいさんにもがんばってもらうことになるかもしれません。

幼児期の子どもにとって「子ども―大人」という二項関係の遊びは、身近な大人（お母さん、お父さん）との愛着を形成するうえで有効であることがわかっています。親子のふれあいを通して安心感が生まれ、子どもの情緒の安定につながるのです。

みなさんはどんな二項関係の遊びをされているでしょうか。私は、〝わが家流〟でよいと思います。また、大人も楽しいと思えるふれあい遊びの時間になっているでしょうか。笑顔が生まれていますか。きっと、あたたかい親子のふれあいの時間になっていることと想像します。

ふれあい遊びは他にもいろいろあって、保育や発達心理学、育児の書籍にもたくさん紹介されています。インターネットで探すこともできるので、機会があったら調べてみてください。

②「三項関係」の遊び・かかわり

次に、おもちゃなどの「もの」を介して、子どもと大人が行う遊びを紹介します。

自己（子ども）と他者（大人）とものの三者関係を指す「三項関係」は、発達心理学において、子どもの発達に重要な意味があるとされ、これまでも多くの研究が進められています。私も、クリニック（一対一のいわゆる「療育」という場）で、おもちゃやものを介して子どもたちと遊んできました。お母さんたちは子育ての中で、**図3-3**のようなかかわりを自然にされていると思います。それはとても意味のあることなので、覚えておいてほしいです。

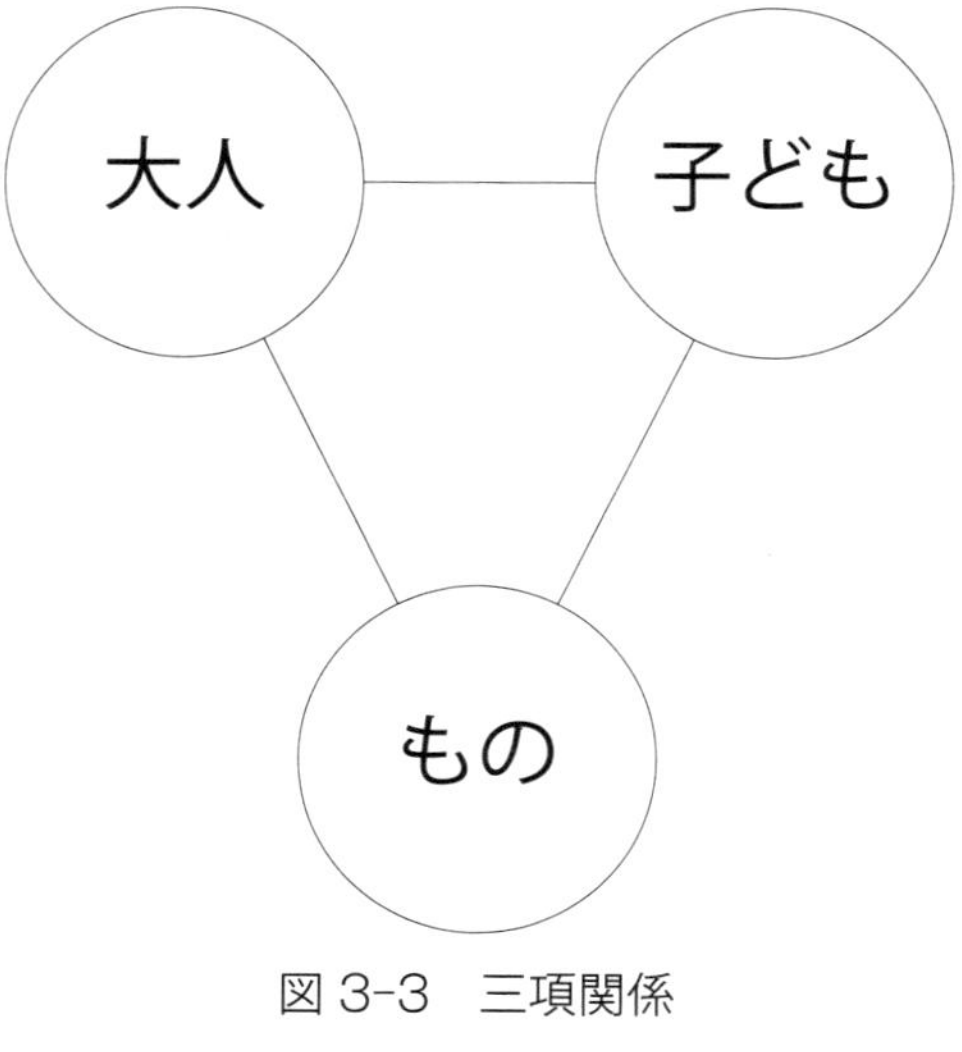

図 3-3　三項関係

◎家庭の中にあるおもちゃ

あなたのお子さんは、どんなおもちゃが好きですか。家の中にはさまざまなおもちゃがあると思います。その中にきっと、子どものお気に入りのおもちゃがあると思いますが、それ以外のもので遊ぶことがあってもよいですよね。小麦粉粘土、シャボン玉、新聞などの紙ちぎり……ちょっとした〝おうち保育園〟のようになりますけれど、子どもと一緒に遊べそうだなと思うものがあったら、準備してみてください。その時、気を付けてほしいのが、あくまでも「楽しむ」ということです。

わくわく
楽しい
すごいね
おもしろいね

このようなポジティブな感情を、子どもと大人が共有することが大切です。ですから、お母さんも子どもの目もキラキラ輝いて、笑顔になっているイメージです。

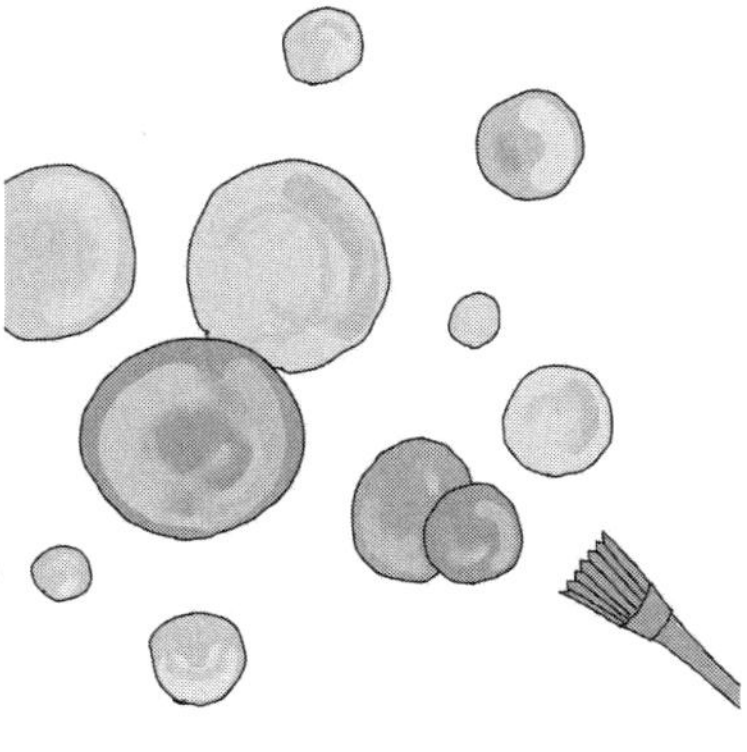

◎絵本

絵本は、子育てには欠かせないものです。赤ちゃんの時から、生活の中に取り入れている家庭も多いのではないでしょうか。

絵本は、クリニックの療育でも必ず活用していました。ある子どもには大好きな絵本があって、自分の好きなものを指差して、絵本に描かれた食べものの名前を私に読み上げてもらうことが好きでした。また、ある子どもは私のひざの上にちょこんと座って、絵本を見ることが好きでした。さらに、興味のある絵本を一人で眺めるのが好きな子もいました。

好きな絵本も、絵本へのかかわり方も、子どもによってそれぞれです。

子どもの興味がありそうな絵本を準備して、読んだり見せたりすることはありましたが、子どもは正直なので、興味がないと逃げてしまったり、「いらない」「やらない」というように手ではらいのけたりします。そのような時は、子どもの気持ちを尊重し

てください。

一方で、何気なく選んだ本を、意外にも大好きになってくれることがあります。そのような時に、絵本を介して、大人と子どもが共有できる時間が生まれるのです。絵本の世界を共有することは、とても素敵なことだと思います。

私の友人で発達心理学を専門とする研究者は、子育てに絵本の効果を取り入れることの大切さと、子どもだけでなく、大人も絵本で成長できるということを説いています（※6）。また、子どもと大人が絵本の世界を共有する時間は、大人にとっても豊かなひとときになることも説いています。

前述のように、子どもの中には親のひざの上で、絵本を読んでもらうことが好きな子もいます。ひざの上で読んであげられる時期は、数年間しかありません。そんな貴重な時間を、大切にしてくださいね。

◎わらべうた

これまで何度か取り上げてきた「一本橋こちょこちょ」のようなわらべうたを、子どもとのかかわりに取り入れてほしいと考えています。心地よいリズムがとてもあたたかいのです。

現代社会には、さまざまなジャンルの歌やダンスがあふれていますが、ぜひわらべうたという日本の大切な文化を、お母さんたちに経験してほしいのです。

わらべうたには、子どもの育ちを促進する効果があるといわれています。その効果検証の研究に取り組まれている湯澤美紀氏の指導を受け、障害のある子どもを育てるお母さんや支援者に、わらべうたの魅力を伝える活動を2022年からはじめました。湯澤氏の著書（※7）には、学問的な見地からわらべうたの魅力が説かれ、家庭でも遊べそうなわらべうたが紹介されているので、参考にしてみてください。

◎表現する遊び（絵を描く、創作するなど）

紙とえんぴつ、紙とクレヨン。これがあったら、何かを描きたくなりますよね。

幼児期は、絵を描くというよりも、「表現する」といった方がよいと考えています。

クリニックで出会ったちはるちゃんは、自分の感情を描画で表現できる女の子でした。彼女の描く世界に寄り添って、描画が彼女の心の表現なのだと思えることが、何度もあったからです。ちはるちゃんの描画が、心の表現であると理解した私は、その表現から、彼女の思いや願いを感じ取る努力を、お母さんや保育園の保育者と共有しました（※8）。やがて、ちはるちゃんの描画は次第に、経験したことを自発的に表現するものになっていきました。

保育学者の津守眞先生は著書（※9）において、子どもの描画を「自己表現の一つの方法」として、子どもの内面世界と外界の事象をつなぐ重要なプロセスとして捉えています。そして、プロセスの中で子どもは自分なりの視点で世界を捉えるともありました。

幼児期の子どもは、自分の思いを上手にことばで表現できないかもしれません。津守先生は、子どもの心の中にある世界を尊重し、深く理解することの重要性を説いています。子どもの描画には、心の中にある思いや願い、大人に伝えたいことが描かれているかもしれません。ですから、子どもが描くものすべてをいとおしく、優しく抱きしめるような気持ちで見てほしいのです。子どもの描画は、子どもの心の表現であるというまなざしを向けてください。

遊びの中で、自由に表現する子ども
お母さんや家族に見守られながら、絵を描く子ども
好きな自動車の絵を描いて大人に見てもらうことが好きな子ども
線をいっぱい描く子ども
ぐるぐるを紙いっぱいに描く子ども

子どもの傍らで見守りながら、あたたかいまなざしを向けると、子どもは安心して

表現してくれます。

園の友達は描ける絵をわが子はまだ描けないとか、まだ〝まる〟が描けないとか、お母さんの心配な声を聞くことがあります。絵や描画は子どもの表現ですから、幼児期は、上手に描かなくてはならないということはありません。また、絵を描く活動をしていると、大人とのコミュニケーションも生まれることがあります。

クリニックで、私に絵を描いてもらうことが好きだったあきら君の例を紹介しましょう。

あきら君が、お絵描きブックと箱に入ったクレヨンを持ってきて、箱のふたを開けて、グレーのクレヨンを私に渡すところからはじまります。

私「あきら君、なあに？」
あきら「ぞう」（ちょっと高めの声でひとこと）
私「ぞうね」（と言いながらぞうの体の形を描く）
あきら「しわ」（またまた高めの声）
私「しわね」（と言いながら、鼻や足にしわを描く）

その後も、あきら君は「目」とか「つめ」とか言ってくれて、絵が完成します。そのあいだ、あきら君の目はキラキラ輝いていて、彼が思う「ぞう」が完成するととても満足そうな様子でした。彼のその表情が可愛くて、私には魅力的でした。あきら君のお母さんも、家でお絵描きにつきあっていたようです。

子ども一人ひとりに、さまざまな遊び方、表現の方法があります。こうした「大人―もの―子ども」の三項関係の遊びは、日々の生活の中にもたくさんあると思います。

下のイラストの男の子（5歳）は、「葉っぱ」を指差しています。その傍らでお母さんが、

「葉っぱ」
「葉っぱがあるね」

と語りかけながら、子どもの指差したものを一緒に見ています。これは「共同注意」と呼ばれるものです。共同注意は、社会性の発達をみる時にとても大事なポイントになります。発達心理学の研究分野では、自閉スペクトラム症の子どもの幼児期における社会性の発達は、周囲の身近な大人とのかかわりの中で育っていくことがわかっています。

男の子が3歳だった2年前には、指差しもできなかったし、お母さんと同じものを見たり、自分の興味のあるものを知らせたりすることはできませんでした。しかし、

2年後にはこうして、お母さんに葉っぱのことを指差して教えています。お母さんはこのように、子どもとのつながりを感じられる時が来るとは思わなかったと小さなしあわせをかみしめていました。

✼ 家庭生活にあふれている育ちの要素

家庭生活には衣食住に関する、人が生きていくうえで必要なことがあります。子どもの健やかな育ちを支えるためには、環境を整えていくことが親の役割ともいえます。こうした環境の中で、子どもは食事や着替えなどの経験を通して、生活面で一人でできることを増やしていきます。そして、できるようになったことは習慣となり、生活に定着していくのです。

保育学では、このような習慣を「基本的生活習慣」と呼んでいます。基本的生活習慣は「食事」「排泄」「睡眠」「清潔」「着脱衣」の五つのカテゴリー（図3-4）があり、人が生きていくうえで、生涯必要不可欠な習慣といわれています。

幼児期に基本的生活習慣を確立することの重要性と家族の役割について、長年研究されている谷田貝公昭先生は、私の大学時代の恩師です。谷田貝先生は、家庭における子どもと親とのかかわりの中で、基本的生活習慣が幼児期に確立し、それは人が生きていくうえで大切なことであると強調されてきました（※9、※10）。また、家庭における日々の生活の中で、大人がサポートしながら子どもが一人でできるよう

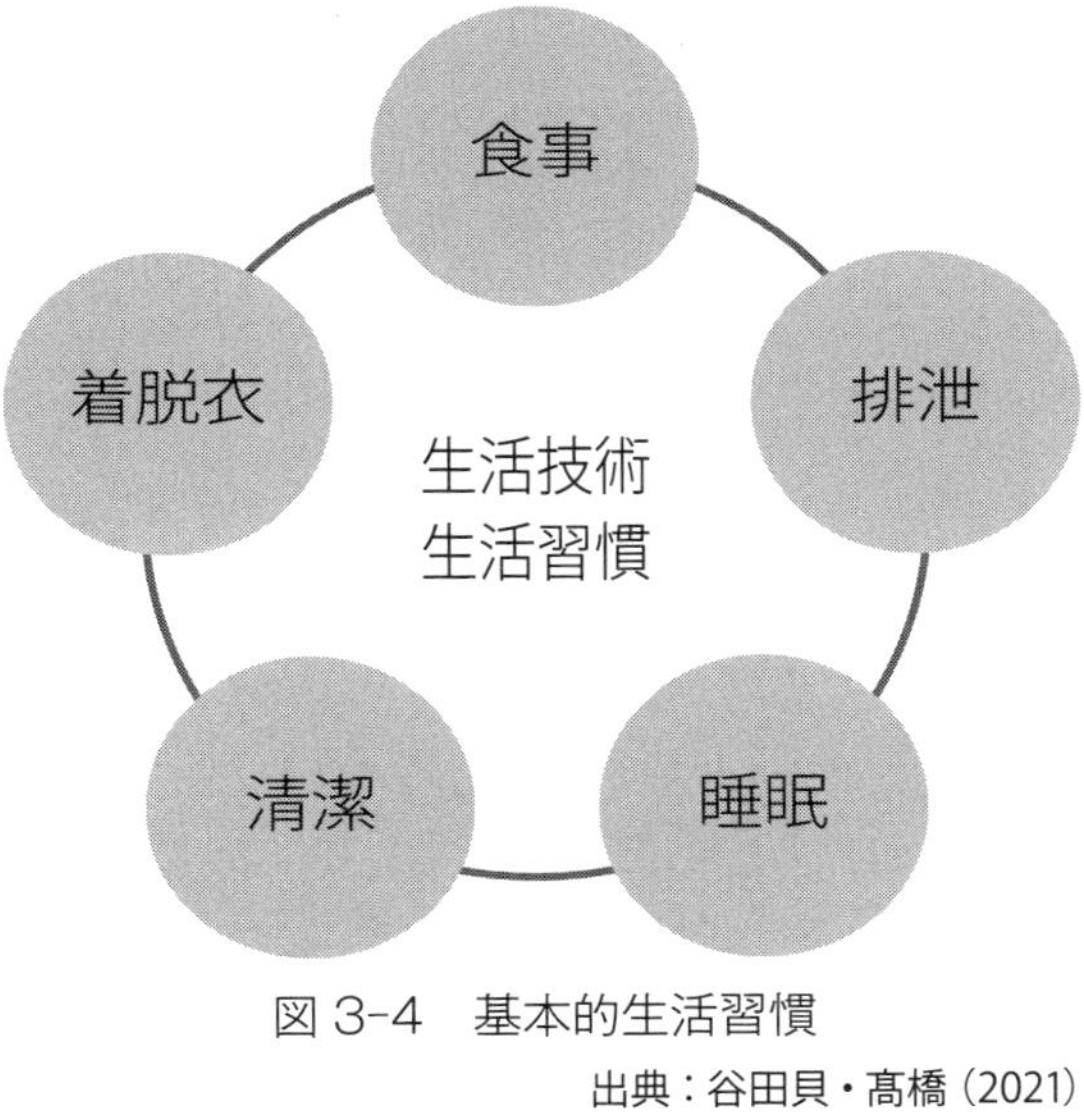

図 3-4　基本的生活習慣

出典：谷田貝・髙橋（2021）

になること（生活技術の獲得）や、毎日のあたりまえの活動として定着（生活習慣）していくことの大切さについても提唱され続けています。

自閉スペクトラム症の特性や知的の発達の遅れがあると、基本的生活習慣をスムーズに身に付けていくことは難しいです。子どもの発達の状態や特性に合わせながら、工夫も必要になります。スモールステップで教えていくことや、何をするのかがわかりやすい環境の準備やことばかけをしながら根気強く教えていかなければなりません。ですから、子どもが利用している場（園や児童発達支援など）の支援者と協力しながら、基本的生活習慣を身に付けさせるための方法を考えていくとよいと思います。その際、家庭と支援機関との連携は必要不可欠です。

支援者との連携を通して、子どもに合ったやり方で、子どものペースに合わせながら、子どもに教えるように接してみてください。この時のポイントは、子どもとのあいだで、楽しいコミュニケーションが生まれるようにかかわることです。ちょっとしたやりとりがあって、笑顔が生まれると、さらによいですね。子どもができなくても、うまくいかなくても、イライラしたり叱ったりすることは、厳禁です。

子育てのいとなみ、家庭生活をつくっていくことはとても大変だと思いますが、子どもの育ちに大きくかかわってくる大切なものと認識してください。お母さん・家族があたりまえのようにやっている子育てのいとなみの中に、意味があるのです。毎日の習慣は「ルーティン」（日常的にいつもやっていること）となり、子どもの生活に確実に定着していきます。

日々の子育て・家庭生活をいとなんでいくために、お母さんたちが毎日がんばっていることに家事があります。家事には数えきれないほどやることがあり、「食事を作る」「洗濯をする」「着替えを用意する」「排泄の世話をする」「入浴させる」……など、挙げたらきりがありません。このような毎日のくらしを成り立たせるために、お母さんや家族の日々の努力により、子どものできることが少しずつ増え、お母さんと子どもとのさまざまなコミュニケーションも生まれていくのです。

「もう少し」
「できたね」
「すごいね」

と励ましながら、かかわってみてください。

お手伝いの習慣も少しずつ、できることからはじめてみましょう。お手伝いをすることは、子どものできることが増えるだけでなく、ほめられる経験、家族の一員として認められる経験となり、自己肯定感も高めてくれるでしょう。

基本的生活習慣については、自閉スペクトラム症の子どもの場合、大人が教えて覚えたことが定着していくことが多いようです。親が見本を見せながら教え、できるだけ決められた時間に習慣づけていくことを心がけてみてください。たとえば、朝、決まった時間に起床して、洗顔をして、服を着替え、手を洗って、食事をして、歯磨き

をするといった流れです。はじめはできないことがあたりまえ。大人の手助けを受けながら、日々の経験を積み重ねていくことが大切になります。教えるコツは、支援者にもアドバイスをもらいながら、工夫してみてください。子どもは自分ができるようになると、自信をつけます。ですから、できた時は笑顔でほめてくださいね。こうした積み重ねが、子どもの「自立」につながります。

しかし、時にはお母さんにとって、重荷に感じることもあるでしょう。

「もうやりたくない」

「面倒だ」

と投げ出したくなることもあるでしょう。

そんな時はどうか遠慮しないで、休憩をとるようにしてください。

家族の支えがあることが理想なのですが、いかがでしょうか。お父さん、おじいさん、おばあさんなど、家族の応援を頼みたいですよね。

まずは家族で、お母さんの応援隊をつくることからはじめてみてはいかがでしょうか。また、上手に手抜きできるところは、工夫もしてほしいです。

とにかく、お母さんは大変なのです。

でも、幼児期のがんばりが報われる時が、必ずきますよ。

一つ、例を挙げますね。

クリニックで3歳から就学まで、個別療育を担当したなおと君。なおと君は、大好きな電車や自動車の名前をたくさん知っている男の子でした。集団活動や人とのコミュニケーションに苦手さを抱えていましたが、小学校から特別支援学級に進学し、高校までの12年間、さまざまな経験や学習を積み重ねて成長しました。

なおと君のお母さんは、彼の幼児期から「自立」ということを意識して、子育てに取り組んでいました。基本的生活習慣を身に付けるための方法や、お手伝いについて、私もお母さんから相談を受けたことがありました。

なおと君は2024年で、なんと28歳。立派な青年になり、一般企業の障害者雇用で働いています。

朝、起きて食事をし、着替えをし、顔を洗って、歯を磨き、仕事の荷物を持って出勤します。自分の洗濯物は洗濯機で洗い、干して、畳んで、タンスに片づけます。さらに、お小遣い帳をつけて、貯金をして、旅行の計画を立てて、一人旅に出かけたりもします。

彼が自立した大人になり、生活に関するさまざまな知識や技術を身に付け、それが生活習慣として定着しているのは、幼い頃からのお母さんの子育てのおかげといっても過言ではないと思います（このエピソードは、専門書（※12）に紹介しました）。

幼い頃は、きっとできないことだらけで、毎日教えても、かかわっても、習得していくことはなかなか難しいかもしれません。しかし、その積み重ねは必ずのちに、子どもの生活を豊かにしてくれることでしょう。

✻ 笑顔が生まれる子育て

「笑顔が生まれる子育て」とは、お母さんが子どもと共にある日々を楽しんで、子どもとのかかわりの中で笑顔が生まれてほしいという願いです。

これまで私は、お母さんの目からこぼれる涙をたくさん見てきました。しかし、ずっと泣いてばかりではいられないことに、ご自身で気づかれるのです。そして、泣ける場所があってよかった、苦しみ悲しみに耳を傾けてくれる人がいてよかったという感情になってくれることもあります。また、自分以外の誰かと一緒に、子どものこと、子育てで困っていること、悩んでいること、心配なことなど、さまざまなことを話すことで、心が軽くなり、少しずつ元気になっていけるということに気づいてくれます。

涙には、喜びの涙もあるし、共感の涙もあるし、いろんな涙があるのです。

大学で運営している「ママかんフリーカフェ」では、必ずと言ってよいほど、誰かが泣いてしまいます。そして、そのお母さんの気持ちに寄り添っている同じ場所にいる人たちも一緒に泣いて、涙の連鎖が起こってしまいます。この涙の連鎖のあとにも必ずと言ってよいほど、なぜかポジティブな会話が出てきて、最後の方ではみんなが、笑顔になるのです。

「泣いたり、笑ったり、忙しいねー（笑）」

といつもの会話に、また笑いがあふれます。あとで考えると、とても不思議だなあといつも思うのです。

「ママかん」のような場をつくって活動に取り組んでいると、お母さんたちの笑顔をもっと見たい、一緒にいろんなことを共有したい気持ちになって、ずっとこのような活動を続けていきたいなと心から思います。まず、お母さんが笑顔になれるように……私たち支援者も、しっかりサポートしていかなければなりませんね。

２０２４年に出会ったお母さんから聴いたお話です。

「子どもの診断があって3年も経ってしまったけど、やっと、がんばり過ぎず、焦らず、この子らしく過ごしてほしいと思えるようになりました。診断から3年もかかってしまった……。信頼できる支援者との出会いや同じような境遇の人に出会うことで、少しずつだけど、重かった心が軽くなっていきました」

また、あるお母さんにこの本を執筆中であることを話し、原稿を読んでもらいました。自閉スペクトラム症の診断を受けたばかりのお母さんたちに、手に取ってほしい本だと伝えたら、次のようなメッセージが届きました。

診断を受ける前の頃は、焦燥感や「なんでうちの子なんだ」っていう悲壮感がありました。「おや?」と違和感を感じてから「これは……!」という確信に変わるまでの期間が割と短かったのですが、信頼できる支援者につながれるまでに2~3年かかり、やはりこの期間はとてもつらかったなと思います。保育園や療育に通うようになり、最初はわからなかったけど、じわじわと一人で子育てしている感覚を払拭しているのを感じられるようになり、冷たい水の中にいたのが、ゆっくりとお湯に変わっていくような感覚の安心感を覚えました。日々の子育ての中、小さな小さな成長をかみしめながら生活しているので、理不尽な出来事やうまくいかないことがあると本当に立っていられない!と思うほどしんどいんですが、支援者の深い愛情で支えられていると感じるようになりました。診断を受けたばかりは、家族以外に相談することは難しい時期だと思います。だから、このようなお助け本が辛い時期のお母さんの役に立ってほしいと思いました。

私はこのメッセージを読んで、彼女の言う「つらかった時期」の少し曇った表情を思い出して、あの時、もう少し話を聴けばよかったと後悔しました。一方で、この時期は葛藤が多く、他者に本当の思いを話すことは、難しい時期だったのではないかとも考えました。

彼女が信頼できる支援者と共に子育てをするようになったことがきっかけで、誰かとつながっているという安心感がもたらされたのです。子どものこと、自身の心配な気持ちを発信できる相手がいるということは、立っていられないくらいつらい思いをしているお母さんを、優しく支えているんだと感じました。

このお母さんは、小学生になったわが子の一番の理解者であることを自覚し、前を向いて歩いていいます。信頼できる支援者、仲間、つらい気持ちを吐き出せる場を獲得できたからだと思います。

そういう人と出会って、つながれることを心から願います。

そして、私の役割も再確認することができました。

それは、ママかんフリーカフェのような子育てを語れる場の運営を、これからも学生たちと一緒に続けていくことです。

お母さんたちに、癒しや元気を与えられる支援者や応援隊がたくさん増えるように、さまざまな取り組みにチャレンジしていきたいと思っています。

【引用・参考文献】

（※1）谷田貝公昭編集代表『新版・保育用語辞典』一藝社、2016年
（※2）藤田久美「自閉症幼児の保育的セラピー　人と関る力の形成」山口短期大学出版会、2001年
（※3）藤田久美「自閉症K児のコミュニケーションの発達を支えたもの」『第53回日本保育学会大会研究論文集』2000年
（※4）藤田久美「関係性の中の子ども理解　Yの事例」『日本発達心理学会発表論文集』2001年
（※5）藤田久美「自閉症幼児の保育的セラピー（1）　Yの事例」『第54回日本保育学会大会研究論文集』2001年
（※6）湯澤美紀『子どもも大人も絵本で育つ』柏書房、2019年
（※7）湯澤美紀編著『子どもも大人もぐんぐん育つ　わらべうたと心理学の出会い』金子書房、2021年
（※8）藤田久美「第6章　障害をもつ子どものための表現活動」谷田貝公昭監修、おかもとみわこ編『造形』（保育内容シリーズ6）一藝社、2004年
（※9）津守真『子どもの世界をどうみるか 行為とその意味』（NHKブックス）NHK出版、1987年
（※10）谷田貝公昭喜寿記念編集委員会編『子どもの生活習慣と生活技術』一藝社、2021年
（※11）谷田貝公昭、髙橋弥生編著『基本的生活習慣の発達基準に関する研究　子育ての目安』一藝社、2021年
（※12）藤田久美「第10章　家庭における知的発達の支援と家族支援」湯澤正通編著『知的発達の理論と支援　ワーキングメモリと教育支援』（シリーズ支援のための発達心理学）金子書房、2018年

Part 4

子どもと共に生きるお母さんの人生を豊かにするために

幼児期を終えた子どもは、小学校に入学します。
そこからどんどん成長して、大人になっていくのです。
Part4 では、子どもと共に生きていくお母さんたちに向けて、
これからの人生を豊かにするためのヒント、メッセージをお届けします。
また、障害のある兄弟姉妹と共に育ってきた
「きょうだい」の子育てについても取り上げていきます。

✼ 子どもと共に歩むお母さんのこれからの人生のこと

幼児期の子どもを育てる家庭では、これからわが子がどのように育っていくのかを想像することは難しいかもしれません。また、たとえば子どもが、小学校、中学校、高等学校と進んでいく中で、どのような困難が待ち受けているのか、少し不安に感じることでしょう。ただ、これからも子どもは成長し、それに伴いさまざまな変化が訪れることは確実です。

自閉スペクトラム症の子どものお母さんとして悩むことは、これからも尽きないかもしれません。しかし、悩みがあること自体が子育てであると私は思うのです。支援者と連携しながら、できることを進めていきましょう。

子どもの成長に伴う「変化」。私たち人間の中には、変化を受け容《い》れることが得意でない人も少なくありません。

わが子が自閉スペクトラム症の診断を受けた時、生活は大きく変わり、それまで描いていた子育て像とは異なる現実が待ち受けていたことでしょう。しかし、お母さんは苦しみながらも、なんとか乗り越えることができたのです。

子どもと共に生きるこれからの生活の中にも、きっとさまざまな出来事が待ち受けていると思います。

それでも大丈夫です、と私は言いたいのです。

これまでお母さんが経験してきたことは、自分自身の価値観に大きな影響をもたらしたのではないでしょうか。つらいこと、大変なことを乗り越えたからこそ、得られたものもあるはずです。困難に立ち向かい、それをしなやかに乗り越えられる力――それは「レジリエンス」と呼ばれていますが、きっとその力をすでに身に付けていると思います。

子どもが小学校に入学した学齢期以降も、家族との時間を大切にしながら、無理をせず、お母さんのペースで子育てを進めてください。もちろん、周りの人を頼りにして、支えてもらうことを忘れずに。

そして、子どもの成長を大いに感じて、共に過ごす日々を大切にしてください。

✼ 自分を大切にすること―メンタルヘルスについて―

これからも子どもと共に生きていくうえで、お母さんの心と体の健康がとても重要になります。子どものためにがんばり過ぎるとストレスがたまってしまうことは、これまでも繰り返しお伝えしてきました。

「自律神経」ということばを聞いたことはありますか。自律神経とは、人の体の無意識の働きを調整している神経のことです。心の健康を保つために自律神経を整えることは、重要だといわれています。規則正しい生活や運動を取り入れること、バランスのよい食事をとることなどが挙げられますが、子育てに忙しいお母さんにとっては、難しい場合の方が多いですよね。知らず知らずのうちにストレスもたまってしまい、心が重くなってしまうこともあるかもしれません。また、自律神経の乱れが体の不調にあらわれ、疲れ果ててしまうことも考えられます。心も体も疲れてしまったら、子育てに向かう気力もなくなってしまいます。

私はこれまで、心のバランスを崩してつらい思いをされているお母さんをたくさん見てきました。人前では絶対に涙を流さず、「この子のために」とふんばって、がんばり過ぎているお母さんもいました。子どものためにしなければならないことがたくさんあって、それをこなしていくことで精いっぱいの毎日だと思うのです。

しかし、私はお母さん自身の人生も大事にしてほしいと思っています。

「ストレス解消のためにやっていることはありますか？　ストレスをためないための工夫を教えてください」

このテーマをもとに、これまでお母さん同士で話し合ってもらったことがあります。思い出せる限り次に挙げます。

○信頼ある友人・仲間と語り合う
○本や新聞など活字を読む
○家族に内緒で一人きりでおいしいおやつを食べる
○車の中で大きな声で歌う
○子どもを預けて一人カラオケに行く
○子どもが寝たあと、ドラマや映画を観る
○子どもを夫や家族に預けて、一人で出かけて、一人の時間をつくる
○一週間に一時間、子どもを夫に預けて、ジムで汗を流す
○料理やお菓子づくりをする
○アロマをたいて、夜リラックスする
○スマートフォンでいろいろな情報を見る
○信頼ある支援者に悩みを聴いてもらう
○思いっきり子どもみたいに泣きじゃくる
○親の会や地域活動などのボランティア活動をする

○推し活をする
○夫にあたる

どんなことでもよいと思います。自分に合った方法を見つけてください。
私からは、次のことを提案します。

①心の健康を保つために自分の方法を見つけること

日々の子育てはとても忙しく、自分のための時間を確保するのは難しいかもしれません。しかし、ほんの少しでもよいので、「自分の時間」を意識してつくることが大切なのです。家族に協力を得て、短い時間でもよいので、趣味や散歩など、自分がリラックスできる活動を取り入れると、心に余裕が生まれます。

②自分だけでがんばらないこと

この本で繰り返しお伝えしてきたことですが、お母さん一人でがんばり過ぎないようにしてほしいのです。親として、すべてを完璧にこなそうとすることは、大きな負担になります。家族や友人、地域の支援サービスなど、周囲にサポートを求めることをためらわないようにすることが大事です。心理的な支えや実際の手助けを得ることで、お母さんの心の負担を軽減することができます。

また、さまざまなことを完璧にこなそうとすると、身も心も疲れてしまいます。「できる範囲で十分」という気持ちをもってください。その思考は、心の健康を保つために重要なことです。時には小さな成功を認めて、肯定的に自己評価をしましょう。

③自分の思いや願いを言語化すること

感情を吐き出す場をつくること、不安やストレスを抱え込まず、誰かに話すことが大切です。信頼できる友人や家族、支援グループなどと感情を共有することで、心が軽くなります。話すことで気持ちの整理がつき、次のステップに進みやすくなります。

④心の健康によいことを試してみること

子育ては忙しく、さまざまなストレスがたまってしまうと、自律神経のバランスが崩れ、心身の不調が出てしまいます。心の健康を維持するために、日々の暮らしの中で工夫をしてみてほしいと思います。

自分のことにかまう時間はないかもしれませんが、意識することを心がけて、無理なくできることに取り組んでみたらよいと思います。では、どのような方法があるのでしょうか。

私がお母さんたちによくおすすめしているのが、自分の思いや願いなどを「書いてみる」という行為です。スマホ、ノート、メモ帳など、使い慣れているツールを用いるとよいと思います。もし、ネガティブな内容でしたら

「なんとかなる」
「私なら乗り越えられる」
「大丈夫」

と書いてみるのもよいでしょう。
また、就寝前に、今日がんばったことや、うれしかった出来事を思い出して、心の中で自分をほめて、ハッピーな気持ちで眠ることをおすすめしたこともあります。日常の中で小さな喜びを見つける習慣を身に付けることも、心の健康につながります。子どもの成長や、ちょっとした楽しい瞬間に目を向けることで、心が前向きになれるかもしれません。

書店には、心の健康について書かれた書籍がたくさん並んでいて、インターネットからは、たくさんの情報が発信されています。深呼吸、瞑想、ヨガなどのリラクゼーション方法を取り入れるなど、心の健康のためのヒントはたくさんあるので、参考にするとよいと思います。

近年、知られるようになりました「マインドフルネス」という方法は、〝今この瞬間〟に意識を集中させることで、ありのままを受け入れるという方法です。このような時間を確保できない人は多いかと思いますが、マインドフルネスは自律神経を整え、ストレスを軽減する効果的な方法としても知られています。もし、自分に合った方法を見つけたら、試してみることをおすすめします。

このように、日々のくらしの中に心の健康によいことを取り入れることによって、ストレスへの対処能力が向上し、困難な状況に直面した際、冷静に対応する力を身に付けることができます。

⑤自分の人生を大切に生きること

たった一度の人生です。自分の人生を大切に生きるという視点を、もってよいと思います。子どものために、やりたいことを我慢したり、自分の心にふたをするようなことはしないでください。子どものためだけに生きるというよりも、子どもと共に生きるという視点をもってほしいと思います。

一生懸命に子どもを育ててきた（育てている）、ということが、お母さんを構成する要素の一つになっています。ですから、友達とランチやお茶をしていても、つい子どもの話になってしまい、息抜きをしているはずなのに、子どものことが気になったりしますよね。それでよいと思います。

できる範囲でよいので、自分が楽しいと思える時間やハッピーになれることをしてほしいのです。職業をもっている人や資格を生かして働いている人は、自分のやるべきことや得意なことを生かして、社会に貢献しています。自閉スペクトラム症の子どもの子育てをしながら、仕事と子育てを両立するために工夫をすることは、大変なことだと思います。ですから、さまざまな人に手を借りながらこなしていく、工夫を重ねていくことも必要です。

また、少し違う視点になりますが、自閉スペクトラム症の子どもを育てた経験を生かして、社会に貢献するボランティア活動や、親の会の活動に取り組まれているお母さんたちもいます。先に自閉スペクトラム症の診断を受けた先輩のお母さんとして、後輩のお母さんの相談にのったり情報提供したりする活動に取り組む人もいます。この活動は、「ペアレントメンター」という活動として、全国にひろがっています。ペアレントメンターの活動支援は、私も微力ながらかかわってきました。「悩んでいる家族の支えになるなら」とボランティアとして活動されているお母さん・家族の姿から、多くのことを学ばせてもらいました。

私はこの経験を通して、家族と共に子育てコミュニティを創造する方法を検討したことがあります（※1）。ペアレントメンターというボランティア活動に携わっている家族は、自身の子育て経験から生み出された価値観、自閉スペクトラム症の子どもと生きてきた中で変容した障害観、支援観をもとに、誰かのために役立ちたいというポリシーをもって生きる素敵な人たちばかりです。もしかしたらこうした活動が、家族の人生を豊かにし、しあわせに導いているのではないかと思うことが何度もありました。

人は誰でも人生を終えます。お母さんにはその時に、「私の人生はしあわせだった」と思えるような生き方をしてほしいと思います。

✽ きょうだいの子育てについて

子どもと共に歩んでいくこれからの人生。

家族全体のことを考えると、きょうだいのことを思い浮かべるお母さんもいるのではないでしょうか。

「きょうだいの子育てで悩んでいる」

「お姉ちゃんに、弟の障害についてどう説明すればよいのか」

お母さんたちから、このような悩みや質問を受けてきました。

ここからはきょうだいの子育てについて、お母さん・家族にお伝えしたいことを綴っていきます。

平仮名で書く「きょうだい」とは、障害のある子どもの兄弟姉妹のことです。

私の勤務する大学には、障害のある兄弟姉妹と共に育ってきたきょうだいである学生が、毎年全国から入学します。大学には社会福祉士や精神保健福祉士の養成に加えて、高校福祉科と特別支援学校の教員免許も取得できるコースがあります。みんな社会福祉の勉強をしながら、それぞれの道に進むためにがんばっています。これまで、私のゼミ（障害児教育研究室）の仲間になってくれたきょうだいである学生は、大勢います。

明るくてリーダシップがとれる人、おとなしくてひかえめな人、優しくてあたたかい心をもっている人……誰一人同じ人がいないというのはあたりまえなのですが、きょうだいである学生たちがもっている人間観、福祉観、支援観には、障害のある兄弟姉妹と共に育った環境の中で培ってきた、豊かな価値観が含まれていることを感じました。

卒業論文のテーマを「きょうだい」として、私的体験から考察を試みる学生もいます。卒論執筆の作業を通して、自分に対する親の愛情を再確認する学生や、新たに家族に対する感謝の気持ちを抱く学生もいます。具体的には、それぞれの経験をもとに「きょうだいの成長過程における心理的変化」を整理したものや、きょうだいの立場から「きょうだいへの支援」や「家族への支援」について検討したものなどがあります。

また、家族支援の活動を通して〈きょうだいの子育て〉について考える機会に何度も恵まれてきました。

その中の一つともいえる、山口県発達障害者支援センターの母親支援事業「ママグループカウンセリング」(※2)では、年一回は〈きょうだいの子育て〉というテーマで、きょうだいについて語り合う日と決めていました。

日々、子育てに奮闘しているお母さんにとって、仲間と共にあらためて「きょうだいへの思い」を語り合える時間は貴重でした。そのような語り合いの中で、さまざまな気づきが共有され、同じように悩んでいる仲間の思いにふれながら、わが子へのい

てしまいます。

時間はあっという間に過ぎとしさがこみ上げてきて、涙したり、笑ったりしながら、時間はあっという間に過ぎてしまいます。

「本当はもっと、きょうだいに時間を費やしたい」
「きょうだいに負担をかけているかもしれない」

お母さんたちの話からは、自閉スペクトラム症のわが子と、そのきょうだいを一緒に育てていくうえでの葛藤や、子どもへの愛情の深さが感じられます。また、家族に降りかかるさまざまな問題への対応には、支援者のかかわりが重要な役割を担っていることがわかります。

きょうだいである本人は、親や障害のある兄弟姉妹とのかかわりを通してどのように成長していくのでしょうか。

きょうだいは家庭の中で、親や障害のある兄弟姉妹との具体的なかかわりを通し、共に育ちながら、その家族にしかできない出来事を経験しながら育っていくと思われます。障害に対しても自然に、心と体にしみ込むように理解していくのでしょう。しかし、家庭の外に出ると、障害を有するきょうだいと共にある生活を通して、地域や学校、社会の中にある偏見・差別に出会うこともあるのです。

きょうだいは家族の中で、一人で悩み葛藤する時期があります。また、家族の混乱や危機的状況の中で自分の居場所を探したり、我慢したりする経験を何度もすることになるかもしれません。

社会と家族の狭間で心を揺らすような体験や、家族や自分にかかわるさまざまな人々との出会いと関係性の中で、葛藤を経験することも当然あるでしょう。しかし、きょうだいの育つ過程には、家族だけでなく学校の先生、部活の顧問、学習塾の講師など、信頼できる大人と出会うことで、困難を乗り越えることができると思います。

２０２２年に、当時のゼミ生たちが、きょうだいの絵本『きょうだいからのメッセージ～障がいのある弟と家族との生活をふりかえって、今、伝えたいこと』を作成しました。絵本の主人公のあやちゃんが、大学に入学するまでの18年間を振り返り、自閉スペクトラム症の弟との生活が綴られています。弟を可愛いと思う気持ち、お父さんやお母さんが弟に取られたようで嫉妬した気持ちが素直に語られ、きょうだいとして伝えたいことが描かれています。最後のページに、お父さん、お母さんに向けた次のメッセージが記されています。

大人になったあやちゃんは、同じきょうだいに対して、辛いこと、悲しいことがあったら素直にお父さん、お母さんに話してみてほしいと思っています。

また、お父さん、お母さんはその話に耳を傾けてほしいとも思っています。

そうして家族みんながキラキラな笑顔で過ごせる毎日を送ることができたらいいなと願っています。

このメッセージにあるように、お母さん・家族は、きょうだいが感情表現をすることができる環境をつくっていくことが大切だと思います。一番身近であるお母さん、お父さんが、そんな存在であったらよいですよね。ちなみに、絵本は書籍としては出版されていないのですが、私の研究室の公式ブログ（※3）に掲載していますので、興味のある方は見ていただけたらと思います。

「きょうだいを大切に育てよう」

そんなメッセージを発信しながら、私はこれからも家族支援にかかわっていきたいと思います。

✼ ふだんのくらしをしあわせに

「この子を育てさせてもらって、私はしあわせだったと思う」

これは、成人を迎えた自閉スペクトラム症の子どものお母さんのことばです。

私はこのことばを聞いた時、そのあたたかいことばの重みに目頭が熱くなってしまいました。

しあわせってなんでしょうか。

数年前から大学の同僚と一緒に、「お母さんがしあわせになるための支援のあり方を探究する」をテーマにした研究に取り組みました。研究チームでは、「母親の幸福研究」と呼んでいます。なぜ、この研究に取り組んだかというと、社会には障害のある子どもを育てるお母さんが「大変そう、かわいそう」と、表現する人が存在するからです。
しかし、私たちのように、自閉スペクトラム症の子どもや家族にかかわっている支援者の意識は異なります。障害のある子どもを育てる日常は大変そうに見えるかもしれませんが、家族にとってはそれが普通であり、あたりまえの日常なのです。決してかわいそうな存在でもないし、不幸でもありません。私たち研究チームは、お母さんが日々の子育ての中で、「しあわせ」と思える状態になるための支援や環境のあり方を考えました。

しあわせとは――。

それは、周りの人が決めるのではなく、自分自身の心の奥深くで感じるものだと思います。自分自身が「しあわせ」と感じる感覚を「主観的幸福感」と呼んでいますが、物ごとを心の中でどのように捉えるか、どのような思考をもつかによって、この感覚を左右するのではないかと考えます。

つまり、他の人と比べるほどのものでもない、日常で感じられる小さな喜びも大切な要素となるでしょう。このような思考や心をお母さんがもてるようになるには、私たち支援者の働きかけも大事になってくるのではないかと考えます。

私たちが行った調査研究からは、次のことがわかりました。それは、

「この子が障害をもっているから、私はこの人と出会えた」
「障害のある子どもを育てることで私の人生が豊かになった」
「素敵な人と出会うことができた」

このように、ポジティブなことばで言語化しているお母さんの方が、豊かな幸福感をもっているということです（※4）。これは、「意味了解」（※5）と呼ばれているものです。

そして、幸福感をもっているお母さんは、

「この子が障害をもっているから、私はこの人と出会えた」
「障害のある子どもを育てることで、私の人生は豊かになった」
「素敵な人と出会うことができた」

といったポジティブな考えをもっているということです。これは、「有益性」（※6）と呼ばれているものです。

これらの二つの思考が、主観的幸福感（お母さん自身がしあわせと感じながら人生を歩んでいるか）に、強い影響を与えていることが明らかになりました（※7、※8）。

ひと昔前に比べれば、たくさんの人々の取り組みにより、障害のある子どもと家族の支援は、充実してきたと思います。子ども家庭福祉の分野に目を向けても、さまざまな福祉サービスが提供されるようになりました。

「福祉」は、「ふだんのくらしのしあわせ」と表現されます。

子どもを育てる家族のふだんのくらしをしあわせにするためには、解決しなくてはならない課題がまだまだあることも事実です。

私のこれからのの人生においても、家族の幸福を支えることのできる支援者を増やしていくこと、支援者の専門性の向上のための研究を続けていくことができたらと考えています。

一方、わが子を自閉スペクトラム症と診断されたお母さん・家族は、子どもと共に歩むこれからの人生の中で、子どもがいなかったら経験できなかったこと、考えもしなかったことに、たくさん出会うことでしょう。その時その時で出会うことができた支援者や仲間と共に、乗り越えていけると信じています。

あなたはどのような人生をこれから歩んでいきたいですか。

たった一度の人生です。

日々の何気ない時間の中にある「しあわせ」に気づくことのできる人であってほしいと思います。

そして、あなた自身が「しあわせ」になることをあきらめないでくださいね。

みなさんのふだんのくらしにたくさんの〈しあわせ〉があふれますように。

そして、子どもと共に生きるあなたのこれからの人生が、豊かになりますように。

【引用・参考文献】

（※1）藤田久美「発達障害児の母親と共に創る子育てコミュニティの創造　ペアレントメンター養成にかかわる実践をもとに」『山口県立大学学術情報』12、75～81頁、2019年

（※2）藤田久美「幼児期における自閉症児の母親支援に関する研究」『平成16年山口県自閉症・発達障害者支援センター「母親支援事業」報告書』山口県自閉症・発達障害者支援センター（現山口県発達障害者支援センターまっぷ）2007年

（※3）「くみけんがゆく　すべての子どもたちと家族の幸せを願って」『山口県立大学福祉学部障害児教育研究室公式ブログ』〈https://blog.canpan.info/kumikumi/〉

（※4）Kai Nagase, Kenji Tsunoda, Kumi Fujita (2024). *Psychosocial adjustment in mothers of children with autism spectrum disorder with intellectual disability and attention deficit hyperactivity disorder comorbidities*. Research in Autism Spectrum Disorders, Volume 114, June 2024, 102388.

（※5）山根隆宏「発達障害児・者の母親の心理的ストレス反応過程に対する意味了解の影響」『心理学研究』86（4）、293～301頁、2015年

（※6）山根隆宏「Benefit finding が発達障害児・者の母親の心理的ストレス反応に与える効果」『心理学研究』85（4）、335～344頁、2014年

（※7）藤田久美・永瀬開・角田憲治・大石由起子「ふだんのくらしのしあわせを生み出すための子育てのヒント　障害のある子どもの家族へのメッセージ」『山口県立大学学術研究推進共同体助成事業　報告パンフレット』山口県立大学社会福祉学部障害児教育研究室発行、2004年

おわりに

本書はこれまで出会った子どもと家族、子どもと家族にかかわる支援者、学生、ボランティア、家族支援研究に一緒に取り組んできた研究者との学び合いから生まれたものです。プライバシーに配慮して、本書に登場する氏名などは、すべて仮名としています。

思えば私がはじめて自閉スペクトラム症の子どもと出会ったのは、１９９１年、小学校の特別支援学級（当時は「特殊学級」）に勤務していた頃でした。まだ経験が浅かった私に、一年生の男の子のお母さんは多くのことを教えてくれました。彼女のことばには、深刻な問題や困難も多く含まれていましたが、同時に母としての強さも感じられました。ただ、その強さは必死さの表れであり、支える人がいなければ進めない状況だったのではないかと感じることが何度もありました。そのお母さんは、悲しみや怒り、やるせなくどうしようもない感情を、私たち教員に真正面からぶつけてくれたからです。

この最初の出会いが、私の人生にとって大きな転機となりました。自閉スペクトラム症の理解はもちろんですが、社会の中にある障害者に対する差別・偏見の除去、すべての子どもが安心して育つことができる環境、診断を受けたあとのお母さんや家族を支える支援など、たくさんの課題を知ることになりました。

その後、クリニックでの自閉スペクトラム症の診断を受けたばかりの子どもとその家族の支援にかかわる経験が、地域の中でのボランティア活動や研究活動に展開していきました。自閉スペクトラム症の子どもたちや家族との出会いを重ねるたびに、これは偶然ではなく、私にとって意味のある導きだったと感じています。

私事ですが、２０２４年に、還暦を迎えました。人生の節目を迎えた今、これまで、ご家族と一緒に考えてきたことや、学習会などでお伝えしてきたことをまとめることができたらと考えるようになりました。

そのような私の思いを受け、背中を押してくれたのが、一藝社の小野道子社長です。

「お母さんたちにとって、きっと必要な本だと思うの」

と励まし続けてくださったおかげで、『はじめての自閉スペクトラム症児の子育て幼児期の子どもを育てる家族へのメッセージ』として、書籍にすることができました。

タイトルに「はじめての子育て」とありますが、「はじめて」にはさまざまな意味が込められています。たとえば、「はじめて」の子育ては、いつも戸惑いと不安からはじまるのかもしれません。どう理解すればいいのか、どう育てればいいのか、家族に何ができるのか、誰にも相談できないと感じることもあるでしょう。

そんな時、この本がそっと寄り添う存在であることを願っています。

もう一つの「はじめて」は、子どもが何かをはじめてできた瞬間の喜びです。その喜びは、家族や信頼できる支援者、仲間と分かち合ってほしいと思います。

たとえば、こんなことばが印象に残っています。

「子どもがはじめてトイレでおしっこできたんです。すごいと思いませんか？」

その時のお母さんの笑顔は、幸せに満ちていました。

はじめてことばが言えた。
はじめて指差しができた。
はじめて手をつないで歩いた。
はじめてボタンが留められた。

幼児期の子育てには、こんなにたくさんの「はじめて」があるのです。

自閉スペクトラム症の子どもを育てるお母さん、お父さんは、診断を受けたあとに、さまざまなことを諦めてしまうかもしれません。たとえば、子どもが生まれた時に思い描いていた未来や、期待していた成長の形を手放すことになるかもしれません。

しかし、その諦めは、ありのままの子どもを受け容れ、本当に必要なことを見つけるきっかけにもなると思います。そして、子どもの「はじめて」を宝物にし、小さな成長を心から喜ぶことのできる瞬間をいくつも重ねることができるのではないでしょうか。

本書の出版にあたり、一藝社の菊池公男会長、小野社長にはたくさんの励ましとご助言をいただきました。また、編集者の岡野琴美さんをはじめとした一藝社のみなさんの尽力がなければ、この本を完成させることはできませんでした。

カバーの絵は臼杵万理実さん、挿絵は後藤典子さんの手によるものです。本書で伝えるメッセージが、この本を手にしてくださったみなさんに届くよう、心を込めて描いてくれました。

私の恩師である目白大学名誉教授の谷田貝公昭先生、山口大学名誉教授の友定啓子先生には、研究者としての姿勢と研究成果を社会に還元する大切さを教えていただきました。

すべてのみなさまに、深く感謝申し上げます。

令和6年12月25日

藤田久美

こまめに更新する人は少ないのですが、たとえば、3歳の時に作成して、次に小学校入学前の6歳で更新した場合、3年間の成長が目に見えてわかり、とてもうれしい気持ちになります。子育てをがんばってきた自分をほめてあげたくなりますね。

幼児期に作成するサポートブックの3つの活用方法

❶ 幼稚園・保育所などの保育施設に入園するとき

幼児期に作成する場合、保育所・幼稚園などに入園する際に、保育者にサポートブックを渡す家族が多いです。新しく子どもにかかわる支援者に子どもの様子（プロフィール、これまでの育ち、好きな遊び、苦手なこと、特性、生活面など）とサポート方法（家庭や専門機関での支援）を記述することで、園での支援に役立ててもらうことができます。

❷ 小学校に入学するとき

小学校入学の際に、サポートブックを教員に渡すという活用方法もあります。小学校では特別な支援が必要な子どものために「個別の教育支援計画」が作成されます。家族から見た子どもの姿（実態）と支援の方法について整理したものは、とても参考になると思います。ブック型ではなくA4版の用紙の表裏でまとめたこともあります。

❸ 余暇支援活動や一時的な託児（短時間）のとき

家族から離れて子どもを預かってもらう時、預かってくれる人に子どものことを理解してサポートしてもらうと安心ですよね。サポートブックを渡すことで、コミュニケーションの仕方やトイレの介助など、ふだんの子どもの様子を理解してもらった上で、適切なサポートをしてもらうことができます。家族から離れて過ごす時間であっても、子どもがふだんと同じようにサポートしてもらえたら、安心して楽しい時間が過ごせると思います。余暇支援活動や急に託児を依頼するような時のために、サポートブックを作成しておくとよいと思います。

サポートブックはクリアファイルを使います。

サポートが必要な項目ごとにまとめて、ファイルに入れます。ブック式ではなく、1ペーパーでまとめる場合もあります。

親から離れて活動する子どもが安心して過ごせるよう、子どものことを考えながら、サポートしてくれる人にわかるように書いていきましょう。少し時間がかかるかもしれませんが、行き詰まったら家族や支援者の助言も受けるといいと思います。できあがったときは達成感を味わえますよ。

サポートブックのテンプレートはこちらからご覧ください

藤田研究室公式ブログ▶

<引用・参考文献>
a 「サポートブックの作り方・使い方：障害支援のスグレもの」丸岡玲子著：おめめどうライブラリー Vol 2, 2005年
b 「サポートブックを知ろう・つくろうのまき」藤田久美著、「発達障害のある子どもを育てるあなたへ― 家族・支援者・ボランティアとともに」 発行：山口県立大学社会福祉学部障害児教育研究室、2008年

サポートブックの作り方

本書の中で紹介した「サポートブック」の作り方のページです。サポートブックは自閉スペクトラム症の子どもを育てる母親である丸岡玲子氏が1999年に考案し、書籍（※a）も出版されています。書籍には、「サポートブックはその名の通り、サポートの際に支援者に利用してもらう携帯型ブック」「障害のある本人の特徴・特性・コミュニケーションの取り方・クセ・さまざまな場面での対応の仕方を具体的に見やすくまとめたもの」と説明されています。現在、サポートブックは、全国に広がり、いろいろな場面で活用されるようになりました。ここでは、幼児期の自閉スペクトラム症の子どもを育てる家族を対象とした「サポートブック作り」に焦点をあてて、すでにまとめたもの（※b）に加筆修正を加えて整理しました。あくまでも私自身の限られた経験をもとにしたものです。参考にしていただける部分があれば少しでもあればうれしいです。

サポートブックの３つの目的・意義

❶ ママとパパの子ども理解のために

サポートブックを作成する作業は、子どもの今の様子（コミュニケーションの方法、遊び、排泄や着脱衣等の生活面に関すること等）を支援者に伝えることを目的に、項目ごとに文章にしていきます。いざ、作業にとりかかると、自分の子どものことなのにちゃんとわかっていないのでは?という気づきが生まれたり、文章にするって難しいなあと感じたりするかもしれません。しかし、サポートブックの作成にチャレンジしたママからは、「子どもの様子を支援してもらう人に伝える作業を通して、自分の子どもへの理解が深まった」「なかなかうまく表現できない項目もあったので、もっと子どものことを理解したいと思う気持ちが高まった」などの声が聞かれます。サポートブックを作成することは、ママとパパの子ども理解を深めることにつながるのです。

❷ 支援者と子ども理解を共有するために

サポートブックは、支援者に子どものことを正しく理解してもらうために作成するものです。支援者は、家族の記述したサポートブックを読むことで、家族から見た子どもの姿を理解する姿勢をもってくれます。そして、それぞれの支援の場（児童発達支援センターや保育所・幼稚園など）で支援が開始されると、支援者が子どもとの具体的な日々のかかわりの中で、子どもの理解をさらに深める努力をしてくれます。サポートブックは、支援者と子どもの理解を共有するための１つのツールとして、活用してほしいと思っています。

❸ 子育ての積み重ねをカタチに

子どもは日々発達しています。サポートブックを作成した年月日を記入しておくと、子育ての記録（目安）になります。パソコンを使って作成する場合、サポートブックを更新するときは新たなファイル名（例：○○ちゃん5歳10カ月のサポートブック）としておくとよいですね。

例 コミュニケーションの項目から

子どもの様子 一度にいろいろなことを言われるとわからない様子。二語文で話しかけるとわかることもある。知っていることばは多いが、会話ややりとりをすることが難しい。独り言のようにアニメのセリフを言っているときがあるが、こんなときは機嫌がよい時。何かを要求したい時は、手を触ったり、顔を近づけてくることがある。

サポート 単語か二語文で話しかけてください。手振りや実物を見せる(おふろにいくときにパジャマを見せるなど)とわかりやすいようです。要求したときは、応えてあげてください。大きい声や長く話しかけるのは苦手で耳をふさいでしまいます。

例 こだわり・パニックの項目から

きっかけ ころぶ、ケガをする

行動 ●泣く、叫ぶ、自分を叩く ●血が出ていると叩くとさらにパニックになります

対応 ●カットバンを渡す。渡せば自分ではることができます。消毒などは苦手で強要すると、そのことにもパニックになります。 ●血が出ていなければ、血が出ていないことを伝えてください。 ●打ち身の時は、〝痛いの痛いの飛んでいけ〟と、お父さんに飛ばすようにすると安心することがあります。

例 行動の項目から

様子 指をくわえる、口の中に指を入れる **原因** 不安になった時・自信がない時

対応 安心するように声をかける

ステップ5 サポートブックの取り扱い方、カテゴリーごとに記入したものをクリアブックのファイルの袋に入れてみましょう。

家族の思いや願いも加筆してよいと思います。

ステップ6 ママ・パパからのメッセージ、現在の年月日も記入して世界に1つだけのものにしよう。愛情いっぱいのサポートブックの完成です。

例 家族からのメッセージ

○○(子どもの名前)は3歳10カ月の時に自閉スペクトラム症の診断を受けました。これまで大変なこともたくさんありましたが、いろいろな支援を受けて何とかここまで子育てをがんばってくることができました。小学校入学にあたって先生方に○○のことを理解していただきたく、このサポートブックを作成しました。○○はこの2年間でとても成長してくれたので、一見、自閉スペクトラム症であることがわかりにくいかもしれません。でも、このわかりにくさの中に、○○のたくさん困っていることがあるということを、私たち家族も最近やっと理解しはじめたところです。このサポートブックを読んでいただき、○○を理解してほしいというのが家族の願いです。いろいろな面でご迷惑をおかけすると思いますが、学校でたくさんの経験をして成長してほしいと思っています。どうぞよろしくお願いします。(○○の父・母より)

その他、子どもに障害が診断されてからの思いや支援者へのメッセージなど、みなさんの思いを綴ってみてもよいと思います。家族のメッセージは、きっと支援者の心に響くでしょう。家族の思い・願いを受け止め、子どもにとって大好きな支援者にたくさん出会うことができますように。そして、家族も素敵な支援者とのつながりの中で子育てができますように。心から願っています。

サポートブックの3つの目的・意義

ステップ1 あなたは何のためにサポートブックを作りたい？

目的をもってサポートブックを作ることをおすすめします。たとえば、子どもの就学先の教員に見てもらう目的であれば、小学校の学習や生活を想像しながら作ることができると思います。子どもが安心して学校生活を送ることができるよう、教員に伝えておきたいことが整理できます。目的がはっきりして、いつまでに作るという期限を決めるといいと思います。

ステップ2 誰と子ども理解を共有したい？

何のためにサポートブックを作るかによって見てもらう人が異なります。中には、家族（夫、きょうだい、祖父母など）と共有したいという目的で作ったママもいます。子どもが通うことになった幼稚園の先生にサポートブックを渡したところ、園長先生から「園でどんなふうにサポートしたらよいか具体的にわかりました。何より、家族の愛情のこもったブック、園のみんなで共有します」と言われたそうです。このように支援者と共有できるとうれしいですね。

ステップ3 伝えたい項目（カテゴリー）を目的にあわせて選定しよう。

ブックを見てもらう人をイメージしながら項目を考えます。よくあるサポートブックの形態としては、項目ごとに１ページ（A4版、B5版などの用紙）にまとめられています。

例　幼稚園入園用に作成した4歳の自閉スペクトラム症の診断のある女の子の例

項目　●プロフィール　●好きな遊びときらいな遊び　●コミュニケーション
●生活面（排泄、着脱衣、食事・おやつ）　●行動面　●特に気をつけてほしいこと
●自閉スペクトラム症という障害の特性とわが子の症状　●得意なこと
●家族からメッセージ

例　小学校入学前に作成した6歳の自閉スペクトラム症の診断のある女の子の例

項目　●プロフィール　●わが子の障害とサポートブックの必要性と見えにくい特性
●こだわり　●パニック　●行動面　●ことば　●コミュニケーション
●好きな活動（遊び）と苦手なこと　●学習について（数字の理解、読み書き、お絵かき、運動、音楽、学習への取り組み）、生活面（着脱、食事、排泄など）
●児童発達支援センターの個別支援計画・幼稚園の様子と受けてきた支援について
●家族からのメッセージ　※児童発達支援センターと幼稚園の協力をもらって作成

ステップ4 伝えたい項目ごとに子どもの様子と対応・サポートの方法を簡潔にまとめて書いてみよう。

例　着脱衣の項目から

子どもの様子　パンツやズボンは自分ではける。上着はまだ１人ではできない。ボタン、ファスナーは練習中、たたむことも練習中。

サポート　着替えは大人がついてサポートすると自分でやろうとします。家で練習中なので園でも練習してできるようになってくれたらいいなと思います。

作成例　プロフィールブックのテンプレートと作成例は研究室公式ブログに掲載しています。一部ですが作成例を紹介します。

遊び・活動について

好きな遊び・活動

きらいな遊び

ママ・パパから －支援者に伝えたいこと－

例）　好きな遊び・活動→家の中では車を並べること、車をながめること。リアルな車の絵本や図鑑をみることも大好き。外では、すべり台などの遊具で遊んだり、走ったりすること。
きらいな遊び→手が汚れることを嫌がるので砂場遊びや粘土遊びなどが苦手。
支援者に伝えたいこと→好きな遊びをしているときはとてもいい顔で遊びます。もっといろいろな遊びを経験してほしいです。

子育てを通しての思い

困っていること

心配なこと

ママ・パパから －支援者へのお願い－

子育てを通して困っていること、子どもの発達のことで心配なこと、できるようになってほしいことなど、家族の思いを書いてください。

例）　家庭でどんなふうにかかわったらよいかわからないことが多いので、これからいろいろ教えていただけたら嬉しいです。ことばが話せるようになったら嬉しいのですが、〇〇のペースで成長していくことを見守っていきたいと思います。よろしくお願いいたします。

わが子自慢コーナー

かわいいところ

得意なこと

ママ・パパから〇〇ちゃんへ

子どものかわいいところ・得意なことを書いてください。

例）　〇〇ちゃんの大好きな車で遊んだり、お外遊びをたくさん楽しんでね。△△（児童発達支援）では先生といっしょにいろんな遊びにチャレンジしてね。　ママ・パパより

<引用・参考文献>
a 「発達障害児の早期支援における子ども理解と家族支援のためのサービスモデルの開発」　科学研究費助成事業、基盤研究C（研究代表者：藤田久美）　2011年 － 2013年
b 「発達初期の障害児を育てる家族支援サービスモデルの開発」（藤田久美）　山口県立大学学術情報第4号　2011年

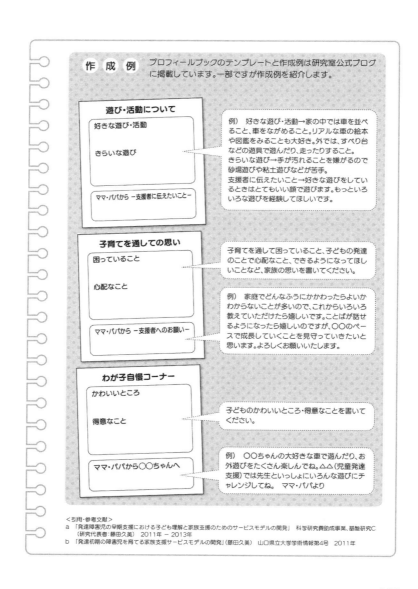

プロフィールブックの作り方

プロフィールブックは、家族支援に関する研究活動（※a）を通して、「家族と支援者が子ども理解を共有するためのツール」として考案したものです（※b）。研究成果から提案したものは、児童発達支援センター・児童発達支援事業所（以下：児童発達支援）を利用することが決まってから、家族が記述するものになっています。サポートブック（主に親と離れて活動する時に支援者が活用するもの）と同様に家族の立場で子どもの情報をまとめるものですが、違いとしては、家族が子育てを通して見ている子どもの姿や心配なことなどを記述した上で、支援者に向けたお願いや家族の思いを自由に記述することに特徴があります。また、子どもの自慢コーナーでは、子どものかわいいところや得意なことを書いてもらうようになっています。児童発達支援の支援者には、家族がとらえている子どもの姿、家族が抱える心配事、願いなどをしっかり受け止め、支援を開始できるツールとして活用してもらえたらと考えています。他には、家族が主体的に作成して、支援者に見てもらうという活用方法もあります。まずは、お母さんが書いてみるのもよいですし、お父さんが協力してくれれば夫婦で書いてみるのもよいと思います。支援者にしっかり思いを伝えてくださいね。

ブックのタイトル	プロフィールブック
構　　成	1　表紙：タイトル（プロフィールブック）子どもの名前、作成した年月日を記入する 2　プロフィール（氏名、呼び方、性別、家族構成等記入） 3　家族が記述する子どもの姿、家族の思いや支援者へのお願い（全7頁） ①遊び　②排泄　③食事　④着脱衣　⑤睡眠　⑥清潔　⑦子育てを通しての思い （困っていることやことば・コミュニケーション等の発達で心配なこと） 4　子ども自慢、支援者に伝えたいこと
特　　徴	○項目ごとに家庭での子どもの様子を記入し、支援者に聞きたいことや家族の思いなどを記入できるようにしたところ ○母親だけでなく父親も作成に協力できるように工夫したところ ○プロフィールブック作成後の感想・気づきを記入し、支援者からのメッセージも記入できるようにしたところ
活用例	〈家族が主体的に作成〉家族が自主的に作成し、児童発達支援の利用時に支援者に渡す 〈児童発達支援に導入〉児童発達支援の利用後すぐに、家族に記入してもらうように依頼。この場合、支援者は家族からの聴き取りだけではなく、記述された内容から支援ニーズを把握し、支援プランを立案するための情報とする。家族がどんなふうに子どもをとらえて、どんな願いをもっているか知り、家族理解を深める

プロフィールブックを作成した家族の声

夫婦で話し合いながら、子どもが今できることを書いたり、子育てで困ってることや心配なことを書きました。ことばがまだ話せないので、ママとかパパと言えるようになったらうれしいなと思い、私たちの願いを書きました。支援してくれる先生に伝えたいことをゆっくり考えて書けたのがよかったです。（3歳10カ月、自閉スペクトラム症の診断のある男児の母）

プロフィールブックを読んだ支援者の声

家族が作成されたプロフィールブックを読んで、家族からみた子どもの姿、子どものことを理解しようと一生懸命日々の子育てに取り組んでいらっしゃることが伝わってきました。また、家族の思いや願いを読むことで、これからお子さまの成長にかかわる私たちの役割と責任を強く感じました。これからたくさんの成長の姿を家族と共有できるよう、支援していきたいと思いました。（児童発達支援、保育士）

著者紹介

藤田久美（ふじた・くみ）

山口県立大学社会福祉学部教授。公認心理師。臨床発達心理士。1964 年、山口県生まれ。2001 年、山口大学大学院教育学研究科修士課程修了。専門分野は、障害児保育、特別支援教育、福祉教育。主な研究は、障害児支援に携わる支援者の専門性の探求。医療現場や教育現場で自閉スペクトラム症の子どもと家族への支援に携わった経験から、地域で親同士がつながり合う機会の必要性を感じ、1999 年に専門家・当事者・ボランティアが協働して活動する「あくしゅの会」（現：NPO 法人あくしゅ）を組織化。2003 年、母親たちの集いと学びの場づくりを目的とした「自閉症児を育てるママたちの会（通称：ママかん）」を立ち上げ、現在まで「ママかんフリーカフェ」を定期的に大学で開催。2023 年より、山口県立大学社会福祉学部附属子ども家庭ソーシャルワーク教育研究所所長として人材育成、研究活動等を行う他、山口県発達障害者支援センターの母親支援事業、乳幼児健診後の子育て相談等に携わってきた経験をもとに、支援者対象の研修で家族支援の重要性を伝え続けている。主な著書に、『未来につながるボランティア 高校生のためのボランティアハンドブック』（ふくろう出版）『アクティブラーニングで学ぶ福祉科教育法』（一藝社）『アクティブラーニングで学ぶ　特別支援教育』（一藝社）などがある。

ママかんフリーカフェの様子や日程を掲載中！

山口県立大学社会福祉学部障害児教育研究室公式ブログ
「くみけんがゆく～すべての子どもたちと家族の幸せを願って～」
https://blog.canpan.info/kumikumi/

はじめての自閉スペクトラム症児の子育て
―幼児期の子どもを育てる家族へのメッセージ―

2024年12月25日　初版第1刷発行

著 者　藤田久美

発行者　小野道子

発行所　株式会社 一藝社
〒160-0014　東京都新宿区内藤町1-6
Tel. 03-5312-8890　Fax. 03-5312-8895
E-mail：info@ichigeisha.co.jp
HP：http://www.ichigeisha.co.jp
振替　東京00180-5-350802
印刷・製本　モリモト印刷株式会社

装画　臼杵万理実／本文イラスト　後藤典子
装丁　Aya Fujishiro

ISBN 978-4-86359-290-2 C0037